Kjáil

JOHN ECKHARDT

CASA
CREACIÓN

Para vivir la Palabra

MANTÉNGANSE ALERTA;
PERMANEZCAN FIRMES EN LA FE;
SEAN VALIENTES Y FUERTES.
—1 Corintios 16:13 (NVI)

Kjáil: Desata el poder de la mujer virtuosa por John Eckhardt
Publicado por Casa Creación
Miami, Florida
www.casacreacion.com
©2023 Derechos reservados

Library of Congress Control Number: 2019933669
ISBN: 978-1-62999-293-8
E-book ISBN: 978-1-62999-294-5

Desarrollo editorial: *Grupo Nivel Uno, Inc.*
Adaptación de diseño interior y portada: *Grupo Nivel Uno, Inc.*

Publicado originalmente en inglés bajo el título:
Chayil: Release the Power of a Virtuous Woman
Publicado por Charisma House
Lake Mary, Florida 32746
© 2019 John Eckhardt
Todos los derechos reservados.

Visite la página web del autor: www.johneckhardt.global

Nota de la editorial: Aunque el autor hizo todo lo posible por proveer teléfonos y páginas de internet correctos al momento de la publicación de este libro, ni la editorial ni el autor se responsabilizan por errores o cambios que puedan surgir luego de haberse publicado.

Impreso en Colombia

23 24 25 26 LBS 9 8 7 6 5 4 3 2 1

CONTENIDO

KJÁIL – UN TÉRMINO PERDIDO EN LA TRADUCCIÓN

KJÁIL – UN TÉRMINO PERDIDO EN LA TRADUCCIÓN

UN AÑO, EN el Día de la Madre, prediqué un mensaje titulado: "La mujer *kjáil* (chayil)". La revelación que conecta esta palabra hebrea *kjáil* con las mujeres vino como una respuesta a mi oración al Señor por una palabra para las mujeres. Entonces, sucedió que, mientras estudiaba, oraba y me preparaba, usando el texto tantas veces escuchado en la iglesia, Proverbios 31:10-31, descubrí algo que no había visto antes. La palabra "virtuosa" en el versículo 10 es *kjáil (chayil)* en hebreo. Esta palabra se usa comúnmente en conexión a los hombres en términos de fuerza, riqueza y poder militar,[1] y yo la conocía bien pues acababa de terminar un estudio de palabras sobre *poder*. Había buscado cada escritura en la Biblia sobre esa palabra. Aunque está traducida de maneras diferentes, fue hasta que dije: "Señor, necesito una palabra para las madres y las mujeres", que la conexión entre la mujer virtuosa y *kjáil* se aclaró.

Dos versículos en Proverbios usan esta palabra. Uno es Proverbios 12:4: "La mujer virtuosa es corona de su marido; mas la mala, como carcoma en sus huesos". El otro es Proverbios 31:10, como ya he mencionado, que dice: "Mujer virtuosa, ¿quién la hallará? Porque su estima sobrepasa largamente a la de las piedras preciosas". Y también hay otro versículo en Rut 3:11: "Ahora pues, no temas, hija mía; yo haré contigo lo que tú digas, pues toda la gente de mi pueblo sabe que eres mujer virtuosa". Rut es la única mujer en la Biblia con quien se conecta directamente la palabra *kjáil*. Lo que el Señor estaba mostrándome es que la mujer virtuosa *es* la mujer *kjáil*.

Obtenga una imagen más completa de la mujer virtuosa

Lo interesante de esta revelación es que muchos de nosotros estamos familiarizados con la mujer de Proverbios 31, la mujer virtuosa; sin embargo, nuestro entendimiento de quién es esta mujer no se ha expresado en su totalidad. Al verlo solo superficialmente, entendemos que este pasaje habla sobre todas las cosas que ella hace, y cuando buscamos la palabra *virtuosa*, hallamos que significa "ser moralmente excelente; recta, casta",[2] buena, tener altos estándares. Es básicamente una palabra que describe a alguien que lleva una vida santa, limpia y recta. Pero solo definir la palabra *virtuosa* sin ver la palabra original en hebreo *kjáil*, nos perdemos de capturar el poder y la fuerza completa de esta mujer.

Quizá haya escuchado antes la frase "perdido en la traducción". A veces, cuando traduce al español una palabra de otro idioma, el español no tiene una palabra que sea exacta o una descripción completa de lo que la palabra implica en su lenguaje original. Así que lo mejor que podemos hacer es usar una palabra que se acerque lo suficiente para comunicar tanto del significado como podamos, aunque nunca capturará la plenitud de esta palabra.

Un ejemplo de esto es la palabra hebrea *shalom*. Se traduce como "paz" en la Biblia, pero *shalom* significa mucho más que eso. Significa salud, integridad, seguridad, bienestar y prosperidad.[3] *Shalom* contiene un significado mucho más profundo que lo que comunica la palabra en español *paz*. A veces, cuando está estudiando la Escritura, el Espíritu de Dios le guiará a buscar una palabra en el idioma original, hebreo o griego, para que pueda tener una comprensión amplia del significado de la palabra.

La idea de que la mujer virtuosa tiene altos estándares y una moral fuerte, y que es pura y de alta calidad, es cierto. Sin embargo, se puede ver mucho más de esta mujer cuando analizamos su esencia basándonos en el significado completo de la palabra hebrea *kjáil*.

Isaías 60:1 da otro punto de vista de esta palabra. El capítulo empieza con: "Levántate, resplandece; porque ha venido tu luz, y la gloria de Jehová ha nacido sobre ti". Si lee los versículos siguientes y revisa la lista de los atributos de gloria, verá que en uno de los versículos dice: "la fortaleza de los gentiles haya venido a ti" (versículo 5, JBS). La palabra "fortaleza" en este versículo es *kjáil*. Está traducida como "fortaleza" dos veces en Isaías 60. La otra vez está en el versículo 11. Así que vemos que *kjáil* significa "fortaleza" aquí, pero "virtuosa" en Proverbios 12:4; 31:10; y Rut 3:11. La misma palabra, dos significados diferentes. Y hay más.

Kjáil está traducida cincuenta y seis veces como "ejército", treinta y siete veces como "hombre de valor", veintinueve veces como una "hueste", catorce veces como "fortaleza", trece veces como "valiente", doce veces como "fuerza", once veces como "riquezas", diez veces como "abundancia", nueve veces como "poder", ocho veces como "substancia", seis veces como "poderío" y cinco veces como "fuerte".[4] Estas son las palabras más prominentes usadas para describir "virtuosa".

El idioma cambia con el tiempo

He estudiado esta palabra *poderío* o *kjáil* durante muchos años, pero nunca la había visto en conexión con la mujer virtuosa. Pronto descubrí que otros la habían usado. Escuché la palabra por primera vez cuando estaba predicando en Toronto para el Dr. Pat Francis. A través de su enseñanza, descubrí que *kjáil* representa abundancia, poder y habilidad, y está conectada a la sabiduría. Su enfoque, lo que parecía en ese momento, era realmente sobre tener espíritu emprendedor, negocios y ser un creyente *kjáil*. Lo que descubrí después es que ella sí hace la conexión entre *kjáil* y las mujeres. Ella dice: "Una mujer kjáil sabe cómo crear y gobernar su mundo…[Esta] palabra hebrea para 'dominio' significa aplastar, dominar; derrumbar, crear, hacer, prevalecer, reinar, gobernar y tomar. Todas estas son palabras activas que incluyen tomar la autoridad para defender lo suyo (a sí misma, la familia, las posesiones, el destino) y para proteger su prosperidad y dignidad personales".[5]

Dios los bendice a *ambos*, hombre y mujer, y les dice a *ambos* que se multipliquen, que llenen la tierra y la dominen (Génesis 1:28). Él no le dijo solo al hombre que se multiplicara, llenara la tierra y la dominara. Hombre y mujer deben cogobernar. La mujer debe gobernar junto con el hombre, lo que significa que debemos tener ambos, hombres y mujeres fuertes. Generalmente, no se enseña que las mujeres sean cogobernadoras con el hombre. Como resultado, las mujeres muchas veces toman un papel subordinado, a veces se debe a la religión y a la tradición, sin siquiera entender el concepto de dirección y autoridad. En cambio, la enseñanza errónea las tiene reaccionando como si ellas no tuvieran nada que hacer y creyendo que el hombre es el único responsable. Sin embargo, esta revelación Kjáil nos muestra que es el plan de Dios que las mujeres anden en poder y dominio, así como los hombres.

La expansión abrumadora de este tipo de enseñanza posiblemente tenga que ver con el hecho de que los traductores de la Biblia fueron hombres. Katharine Bushnell escribió un libro hace más de cien años, llamado: *La Palabra de Dios para las mujeres*,[6] que ofrece una defensa para las mujeres en el ministerio. Katharine estudió hebreo y griego. En sus estudios, ella observa que la versión en inglés *King James* de la Biblia solo traduce la palabra *kjáil* como "virtuoso" una vez, y es cuando se refiere a las mujeres.

Históricamente, la Iglesia anglicana, de donde vienen los traductores de la versión *King James*, no permitían que las mujeres fueran predicadoras. Ellos tenían sacerdotes, y todos los sacerdotes eran hombres. Todos los obispos eran hombres. Así que su entendimiento era que las mujeres no debían predicar. Incluso considerando cómo la versión *King James* excluye la palabra *mujeres* del Salmo 68:11: "El Señor dará palabra; de los evangelizadores habrá grande ejército", no me sorprendió que tradujeran *kjáil* como "virtuoso".

Ahora bien, no pretendo destruir la confianza en esa versión bíblica. Yo la uso y me encanta. Además, la memorizo. Es una traducción magnífica. Sin embargo, es una traducción. Y a veces, cuando uno profundiza en la Escritura, se da cuenta que puede descubrir diferentes cosas de una traducción a otra. No estoy anulando la versión bíblica. A veces su lenguaje antiguo puede ser más difícil de entender. Y otras, el significado de las palabras cambia con el tiempo.

Por ejemplo, el libro de Santiago habla sobre el hombre que "viste ropa preciosa" (Santiago 2:3). La palabra *preciosa* no es la misma que usamos hoy día. En ese tiempo, esa palabra solo significaba "elegante", "lujosa". Hoy en día se usa en referencia a la belleza. Las palabras cambian y esto puede ser parte de la razón por la que la traducción de *kjáil* esté limitada cuando se refiere a las mujeres.

Las múltiples traducciones de *kjáil* a lo largo de la Escritura

Una de las cosas que me encanta hacer es tomar una palabra y estudiar todos los pasajes de la Escritura que la usan. Eso ayuda a ampliar y expandir el significado. En varias versiones bíblicas, *kjáil* se traduce como "virtuosa". *Virtud* significa poder, fuerza y cualidad interior.[7] La palabra en latín para "fuerza" es *virtus*, y de allí es donde obtenemos la palabra *virtud*.[8] Jesús sintió salir virtud (poder) de su cuerpo cuando la mujer con flujo de sangre tocó el borde de su manto. Echemos ahora un vistazo a las varias formas en que las diferentes versiones bíblicas traducen *kjáil*.

Kjáil significa "valiente" o "fuerte".

Varias versiones bíblicas traducen *kjáil*, como se encuentra en Proverbios 31:10, como "valiente o "valor".

> *Alef* Mujer valiente, ¿quién la hallará? Porque su valor pasa largamente a la de las piedras preciosas.
>
> —JBS

> Mujer fuerte, ¿quién la hallará? Porque su estima sobrepuja largamente a la de las piedras preciosas.
>
> —RVA

A lo largo de las Escrituras, *kjáil* está traducida con diferentes palabras. Veamos algunos versículos que las usan.

Kjáil significa "riqueza".

> Sino acuérdate de Jehová tu Dios, porque él te da el poder para hacer las *riquezas*, a fin de confirmar su pacto que juró a tus padres, como en este día.
>
> —DEUTERONOMIO 8:18, ÉNFASIS AÑADIDO

> Y tenía Noemí un pariente de su marido, un hombre de mucha *riqueza*, de la familia de Elimelec, el cual se llamaba Booz.
>
> —RUT 1:2, LBLA, ÉNFASIS AÑADIDO

Kjáil significa "capacidad de logro (esfuerzo)".

Bendice, oh Señor, sus *esfuerzos*, y acepta la obra de sus manos; quebranta los lomos de los que se levantan contra él y de los que lo odian, para que no se levanten más".
—Deuteronomio 33:11, lbla, énfasis añadido

Kjáil significa "valiente".

Josué, con todos sus guerreros, se dispuso a marchar sobre Ay. Escogió Josué treinta mil guerreros *valientes* y los hizo partir de noche.
—Josué 8:3, blph, énfasis añadido

Y el ángel de Jehová se le apareció, y le dijo: Jehová está contigo, varón esforzado y *valiente*.
—Jueces 6:12, énfasis añadido

Kjáil significa "fuerza".

Los arcos de los *fuertes* fueron quebrados, y los débiles se ciñeron de poder.
—1 Samuel 2:4, énfasis añadido

Pues me ceñiste de *fuerzas* para la pelea; has humillado a mis enemigos debajo de mí.
—2 Samuel 22:40, énfasis añadido

Irán sus *fuerzas* en aumento, y en Sión verán al Dios supremo.
—Salmo 84:7, dhh, énfasis añadido

Kjáil significa "poder".

> Había un hombre de Benjamín que se llamaba Cis, hijo de Abiel, hijo de Zeror, hijo de Becorat, hijo de Afía, hijo de un benjamita, un hombre *poderoso e* influyente.
>
> —1 SAMUEL 9:1, LBLA, ÉNFASIS AÑADIDO

Kjáil significa "ejército (muchedumbre)".

> Y reunió un *ejército* y derrotó a Amalec, y libró a Israel de mano de los que lo saqueaban.
>
> —1 SAMUEL 14:48, ÉNFASIS AÑADIDO

Kjáil significa "esforzado / aguerrido".

> Y hubo guerra encarnizada contra los filisteos todo el tiempo de Saúl; y a todo el que Saúl veía que era hombre *esforzado* y apto para combatir, lo juntaba consigo.
>
> —1 SAMUEL 14:52, ÉNFASIS AÑADIDO

> Todos los más *aguerridos* se dispusieron a caminar toda esa noche, y llegaron hasta los muros de Betsán y quitaron de allí los cuerpos de Saúl y de sus hijos, y los llevaron a Jabés y los quemaron allí.
>
> —1 SAMUEL 31:12, RVC, ÉNFASIS AÑADIDO

Kjáil significa "séquito".

> Y vino a Jerusalén con un *séquito* muy grande, con camellos cargados de especias, y oro en gran

abundancia, y piedras preciosas; y cuando vino a Salomón, le expuso todo lo que en su corazón tenía.
—1 REYES 10:2, ÉNFASIS AÑADIDO

Kjáil significa "ejército".

Salieron, pues, de la ciudad los siervos de los príncipes de las provincias, y en pos de ellos el *ejército*.
—1 REYES 20:19, ÉNFASIS AÑADIDO

Y profeticé como me había mandado, y entró espíritu en ellos, y vivieron, y estuvieron sobre sus pies; un ejército grande en extremo.
—EZEQUIEL 37:10, ÉNFASIS AÑADIDO

Y Jehová dará su orden delante de su *ejército*; porque muy grande es su campamento; fuerte es el que ejecuta su orden; porque grande es el día de Jehová, y muy terrible; ¿quién podrá soportarlo?
—JOEL 2:11, ÉNFASIS AÑADIDO

Kjáil significa "valor".

Sus parientes, pertenecientes a todos los clanes de Isacar, constituían un censo total de ochenta y siete mil guerreros *valerosos*.
—1 CRÓNICAS 7:5, BLPH, ÉNFASIS AÑADIDO

Kjáil significa "capaz".

Y sus parientes, jefes de sus casas paternas, mil setecientos sesenta hombres, muy *capaces* para la obra del servicio de la casa de Dios.
—1 CRÓNICAS 9:13, LBLA, ÉNFASIS AÑADIDO

Kjáil significa "caravana".

> La reina de Sabá tuvo noticia de la fama de Salomón y para ponerlo a prueba con enigmas, vino a Jerusalén con una magnífica *caravana* de camellos cargados de perfumes, oro en abundancia y piedras preciosas. Cuando se presentó ante Salomón debatió con él todas las cuestiones que traía.
>
> —2 CRÓNICAS 9:1, BLPH, ÉNFASIS AÑADIDO

Kjáil significa "milicia".

> Después de esto, Manasés construyó una alta muralla exterior en la Ciudad de David, la cual iba desde el oeste de Guijón, en el valle, hasta la puerta del Pescado, y rodeaba Ofel. Además, colocó jefes *militares* en todas las ciudades fortificadas de Judá.
>
> —2 CRÓNICAS 33:14, NVI, ÉNFASIS AÑADIDO

Kjáil significa "soldados".

> Me daba vergüenza pedirle al rey que nos proporcionara *soldados* y caballería que nos protegieran de los enemigos que pudiera haber en el camino, pues le habíamos dicho que nuestro Dios protege a todos los que lo adoran, y que su ira se abate sólo sobre los que lo abandonan.
>
> — ESDRAS 8:22, NBV, ÉNFASIS AÑADIDO

Kjáil significa "riquezas".

> Devoró *riquezas*, pero las vomitará; de su vientre las sacará Dios.
>
> —JOB 20:15, ÉNFASIS AÑADIDO

Y vosotros seréis llamados sacerdotes de Jehová, ministros de nuestro Dios seréis llamados; comeréis las riquezas de las naciones, y con su gloria seréis sublimes.

—Isaías 61:6, énfasis añadido

Kjáil significa "virtuosa".

La mujer *virtuosa* es corona de su marido; mas la mala, como carcoma en sus huesos.

—Proverbios 12:4, énfasis añadido

Mujer *virtuosa*, ¿quién la hallará? Porque su estima sobrepasa largamente a la de las piedras preciosas.

—Proverbios 31:10, énfasis añadido

"Hay muchas mujeres *virtuosas* y capaces en el mundo, ¡pero tú las superas a todas!".

—Proverbios 31:29, ntv, énfasis añadido.

Kj *Kjáil* áil significa "fortaleza".

Entonces verás y resplandecerás; y se maravillará y ensanchará tu corazón, que se haya vuelto a ti la multitud de la mar, y la *fortaleza* de las gentes haya venido a ti.

—Isaías 60:5, rva, énfasis añadido

Tus puertas estarán de continuo abiertas, no se cerrarán de día ni de noche, para que sea traída a ti *fortaleza* de gentes, y sus reyes conducidos.

—Isaías 60:11, rva, énfasis añadido

Una gran caravana de mujeres

Mientras más estudiaba este tema, más sentía que el Señor me inspiraba a desarrollar mis hallazgos y a escribir un libro sobre la mujer kjáil. Lo que descubrí bendecirá, animará e impulsará a las mujeres para ser poderosas y fuertes en Dios.

Necesitamos más mujeres predicadoras, ministras, profetas y apóstoles. Necesitamos más mujeres en empresas, mujeres de abundancia, mujeres que puedan orar y adorar. Necesitamos más mujeres fuertes para que sean facultadas y promovidas. Tal como descubriremos, la mujer kjáil viene con un conjunto de dones y características excepcionales que deben ser activados en cada esfera de la sociedad. Veremos al reino de Dios crecer exponencialmente cuando permitamos que las mujeres vuelvan a su legítimo lugar como las cogobernadoras que Dios diseñó.

Tengo muchas hijas espirituales fuertes en el Señor. Las he visto alrededor del mundo, predicando a las naciones. Están formando equipos. No creo en criar hijas débiles. Yo no crie a mi propia hija para que fuera débil, atropellada ni dominada por un hombre. La crie para que fuera fuerte, y fuerte en discernimiento.

El desafío

En junio de 2018, publiqué un desafío en *Facebook Live* llamado "Desafío de la mujer kjáil". Durante un poco más de una semana, entrevisté diferentes mujeres de Dios que eran personas muy fuertes: Michelle McClain-Walters, Sophia Ruffin, Valora Shaw-Cole, Yolanda Stith, Pamela Hardy, Kendria Moore y otras. He incluido en este libro algo de lo que ellas compartieron sobre su trayectoria para convertirse en mujeres kjáil.

Estas mujeres son guerreras espirituales poderosas. Son fuertes en oración y fuertes en adoración. Son predicadoras y maestras fuertes. Son fuertes en lo profético. Estas son mujeres kjáil. Creo que usted será bendecida al enterarse de que ellas enfrentaron temores, oposición, pasados traumáticos, fracasos y decepciones, y otros desafíos, pero esos retos no les impidieron seguir el llamado de Dios en su vida.

Por qué los hombres necesitan este libro

Este mensaje no es solo para las mujeres, sino también para los hombres. Hombres, ustedes necesitan saber cómo tratar con una esposa o mujer fuerte y no sentirse intimidado. Los hombres necesitan aprender a no lastimar ni desanimar a una mujer fuerte. Deje que sea fuerte. Como una verdadera mujer kjáil, ellas no lo dominarán ni manipularán a usted. Proverbios 12:4, dice: "La mujer virtuosa es corona de su marido". Y Proverbios 31:12, dice: "Le da ella bien y no mal, todos los días de su vida".

La manipulación, el dominio y el control son brujería. Estas características son parte del espíritu de Jezabel y, definitivamente, *no* son atributos de la fortaleza y el poder de Dios fluyendo a través de mujeres piadosas. Debemos renovar nuestro pensamiento en esta área. A causa del temor, los hombres se han retraído de las mujeres kjáil, las han limitado o han hecho uso y abuso de ellas. Para los hombres que siempre han dado lugar a las mujeres fuertes, que las han apoyado y promovido, es hora de asegurarse que todos los hombres vean el alto valor e importancia de ellas.

Mi oración por usted

A medida que lee este libro, es mi oración que esta palabra encienda un espíritu de fuerza, poder y fortaleza. Ruego que una unción kjáil venga sobre usted. Si siente que ha sido una mujer débil, que apenas tiene logros por una u otra razón, escuche: no es la voluntad de Dios que los hombres sean los únicos fuertes en la sociedad mientras la mujeres se quedan rezagadas, débiles y decepcionadas. No. Mujer de Dios, el Señor quiere que usted se levante. Le doy gracias a Dios por los hombres, pero su dependencia no está en un hombre, está en Dios. Confíe en el Señor.

Usted no es como otras mujeres. Hay una unción en usted. Tiene el Espíritu de Dios en su interior. Tiene el Espíritu de fuerza y poder. Dios nunca la llamó a ser débil, temerosa o apartada de la batalla. Dios la llamó a ser una mujer valiente. Él la ha llamado a pelear en el espíritu y ganar. El Señor la ha ungido para tener una victoria tras otra.

Mi desafío para usted es que permita al Señor usarla ya sea a través de la prédica, enseñanza, profecía, ministerio de liberación, oración, intercesión, negocios, como empresaria o en la filantropía y el humanitarismo. Permítase formar parte de una gran compañía de mujeres como Dios quiere que sea. No deje que el hombre la limite, minimice o subestime. Es mi deseo que usted sobresalga confiadamente en su unción como la mujer kjáil.

UNA MUJER DE IMPORTANCIA Y FUERZA

UNA MUJER DE
IMPORTANCIA Y FUERZA

En nuestra sociedad, es muy común hablar de las mujeres fuertes. Muchos de nosotros hemos conocido mujeres fuertes. Nuestra madre era o es fuerte: fuerte en carácter y poder, ya sea un poder espiritual, emocional o de algún otro tipo. La mayoría hemos conocido mujeres fuertes de Dios, que se mueven en poder, milagros, sanidad y liberación. Están llenas del Espíritu Santo. Son guerreras de oración fuertes, intercesoras, profetas, consejeras, predicadoras y maestras.

Sin embargo, de alguna manera, cuando se trata de importancia y fuerza, el enemigo dirige nuestro pensamiento principalmente hacia los hombres. No obstante, tal como lo estamos descubriendo, la palabra *kjáil* significa abundancia, substancia, importancia, fuerza, poder, ejército, valiente, caravana, muchedumbre, fortaleza, capacidad, milicia, soldados, riquezas, virtuosa. Y esta palabra se usa en conexión con las mujeres así como con los hombres.

A veces, los hombres se intimidan ante las mujeres fuertes. Y, a veces, las mujeres dicen: "Bueno, no quiero ser demasiado fuerte", sin darse cuenta de que Dios las creó para ser fuertes. Este tipo de fuerza no es física ni se refiere a que las mujeres traten de ser más fuertes que los hombres. Muchas mujeres han aceptado la definición tradicional de lo que deberían ser: "Ella debe ser débil y quedarse en la cocina. Debe ser callada y no decir nada".

Luego, Dios levanta mujeres que se vuelven líderes: de gobierno, de negocios y de iglesias. Y la gente aún dice que una mujer ni siquiera debería hablar en la iglesia, que ella debería quedarse callada. La sociedad ahora está cambiando hacia donde las mujeres, que en algún momento no eran muy visibles en los negocios, están abarcando cantidades más grandes en varias posiciones de liderazgo en ciertas industrias.

Las mujeres kjáil fuertes no son Jezabeles. Ellas no están dominando ni golpeando a su esposo. La mujer virtuosa no es solo una buena mujer, santa, limpia y alabada. Ella es una mujer kjáil que, además, es fuerte, poderosa y valiente.

Este es un punto interesante: si usted busca alguna vez el nombre Sara, o Sarai (la esposa de Abraham) verá que se relaciona diciendo que ella es "madre de naciones" (Génesis 17:16) y significa "mi princesa" y "nobleza".[1] La raíz del nombre Sara es la palabra hebrea *sar*, que significa literalmente: "gobernadora, líder, jefe, oficial, cabeza y directora".[2] Se refiere a alguien de poder. Así que Sara, la mujer de Dios, la mujer de fe, no era solo una esposa que tuvo un bebé. Ella era una mujer muy poderosa, que estaba casada con Abraham, un hombre muy poderoso y rico.

Débora, la jueza en Israel, también era una mujer muy poderosa. Todo Israel acudía a ella por un juicio justo. Ester, una reina, también era una mujer muy poderosa.

En las Escrituras, leemos sobre mujeres que tenían autoridad y eran fuertes en la oración y la adoración. Claro está, en el Antiguo Pacto usted encontrará más hombres andando en *kjáil*. Aun así, Dios no creó a las mujeres para que fueran débiles. Y este es el problema: algunos hombres no aprueban a las mujeres fuertes. Ellos automáticamente las llaman Jezabeles. Jezabel era una bruja, una seductora, manipuladora y dominante. Ser una mujer fuerte no la hace a usted una Jezabel.

Tanto hombres como mujeres deben ser fuertes. La Biblia dice, y esto se aplica también a las mujeres, "fortaleceos en el

Señor, y en el poder de su fuerza" (Efesios 6:10). Es mi oración que usted será fortalecida con poder por el Espíritu en su interior.

No existe un Espíritu Santo de menor rango para las mujeres

En las Escrituras, los hombres eran los guerreros físicos, y los reyes pelearon muchas batallas. Faraón era *kjáil*. Moisés era *kjáil*. Josué era *kjáil*. David era *kjáil*. Ezequías era *kjáil*. Sin embargo, las mujeres también eran *kjáiles*. Mujeres como: Ester, Débora, Ana, Ruth, Abigail y otras más eran *kjáil*. Todas estas eran mujeres de influencia y poder.

Los versículos siguientes sobre fuerza y poder en Cristo aplican a las mujeres así como a los hombres.

Para que os dé, conforme a las riquezas de su gloria, el ser fortalecidos con poder en el hombre interior por su Espíritu.

—EFESIOS 3:16

Por lo demás, hermanos míos, fortaleceos en el Señor, y en el poder de su fuerza.

—EFESIOS 6:10

Todo lo puedo en Cristo que me fortalece.

—FILIPENSES 4:13

Cuando las mujeres reciben al Espíritu Santo, no es un Espíritu de menor rango. Usted tiene el mismo Espíritu Santo que tienen los hombres. Puede ser fuerte y poderosa. Puede desenvolverse en riqueza y en los negocios. Debe ser fuerte en lo profético, en la prédica, enseñanza, oración, adoración en donde esté su llamado. No debería volverse débil ni minimizarse para tener la aprobación de los hombres. No debería ser dominada, humillada ni controlada. No debe ser como una alfombra para los pies de un hombre o de una iglesia. Usted debe ser fuerte.

Esta es usted, una mujer kjáil. Le estoy desafiando a ser fuerte en el Señor y en lo que Dios le ha dado. Camine con fortaleza. No permita jamás que la cultura o la tradición la haga débil. Usted no es esta "mujercita" a la que se le ignora. No. Usted puede tener un espíritu callado y dócil y aun así ser fuerte. De hecho, la Biblia se refiere a la docilidad como una fortaleza. Es una virtud. Profundicemos un poco en la plenitud de la importancia del valor y la fuerza de la mujer virtuosa kjáil.

Una mujer de valor

En la cultura judía, Proverbios 31:10-31 es una bendición poética que los esposos le cantan a sus esposas en la mesa del Sabbat.[3] El término es *eshet kjáil*, y es una bendición espontánea.

> Los amigos se animan unos a otros con la bendición, celebrándolo todo, desde promociones, embarazos, hasta actos de misericordia y justicia, y honrándolo todo desde batallas contra el cáncer, actos valientes de vulnerabilidad, hasta decisiones difíciles, con un cordial "¡eshet kjáil!"; mujer de valor.
>
> Así que dejé de lado mi lista de quehaceres y empecé a usar Proverbios 31 como debería usarse: no como otro estándar imposible para medir nuestros posibles fracasos, sino como una celebración de lo que ya hemos logrado como mujeres de valor.[4]
>
> —Rachel Held Evans,
> Autora cristiana

Esto cambia toda la idea de Proverbios 31, lo que ahora debería ser liberador para las mujeres que lo leen, en vez de un recuerdo de lo que no son.

Carol McCleod dice:

> El materialismo, la belleza física y las comodidades nunca estuvieron diseñadas para ser la substancia de la vida de una mujer creada para ser *¡kjáil!*
>
> ¡Usted fue creada para ayudar a ganar esta batalla en el planeta tierra!
>
> ¡Fue creada con poder y capacidad!
>
> ¡Fue creada para participar de la abundancia de Dios sobre la tierra!
>
> ¡Fue creada para ser una guerrera de primera fila en el ejército poderoso de Dios y para los propósitos de Él!
>
> ¡Fue creada para criar la nueva generación de guerreras para el reino de Dios!
>
> ¡Fue creada para recuperar el terreno entregado al reino de las tinieblas y posicionarse como una partidaria inamovible de todo lo que es recto y bueno.
>
> Fue creada para orar por los enfermos con fe y con poder.
>
> Fue creada para usar los recursos que Dios le ha dado como un baúl de tesoros de generosidad e inversión extravagante en el reino de Dios.
>
> Fue creada, mi hermana en la fe, para andar lado a lado con el hombre, haciendo retroceder las tinieblas, subyugando y tomando dominio sobre la tierra.
>
> El propósito de la lucha no era una contienda hombre contra mujer; la batalla era para que hombre y mujer derrumbaran fortalezas y arremetieran hacia la victoria contra las fuerzas espirituales de maldad.[5]

Kathi Woodall dice:

> El Antiguo Testamento utiliza *kjáil* con más fre-
> cuencia en el contexto de la guerra o la batalla.
> Tradicionalmente, el papel de un hombre es luchar
> por su país y defenderlo. La Escritura está llena de
> historias sobre los hombres israelitas que dejaban sus
> hogares para ir a la batalla; una y otra vez se refiere
> a ellos como *kjáil*. Ellos son los guerreros valien-
> tes que cruzaron el Jordán para reclamar la Tierra
> Prometida y pelear al lado de Josué. Ellos fueron el
> "ejército élite" de Israel que pudo "pelear la guerra
> con gran poder" (2 Crónicas 26:13). El rey David
> era *kjáil* incluso antes de que Dios lo escogiera como
> rey; él era un "hombre valeroso" (1 Samuel 9:1).
> Estas son simplemente una muestra de las des-
> cripciones que hay tras la palabra *kjáil*. Al igual que
> estos guerreros valientes, una mujer kjáil lucha por
> su hogar y lo defiende. Lo protege de las influen-
> cias negativas invasoras y organiza a quienes están
> bajo su cuidado para que el hogar funcione suave y
> tranquilamente. Una mujer kjáil es fuerte, poderosa
> y eficiente. Ella es valiente y virtuosa. Sin embargo,
> y este es un punto muy importante, ella es todo eso
> en acuerdo con su esposo, nunca en contra de él.[6]

Las mujeres kjáil son
mujeres de valor

Como mencioné, Rut es la única mujer en la Escritura a la que
se le refiere directamente con la palabra *kjáil*. Ella es la mujer
de valor que las supera a todas.

Yael Ziegler dice:

A lo largo de la narrativa, Ruth recibe varios apelativos, incluyendo: moabita, *shifkha*, ama, mujer y nuera. Quizá su calificativo más sobresaliente es "eshet kjáil", una mujer de valor. Rut es el único personaje en el Tanakh a quien se le denomina de esa manera, y este elogio parece estar reservado para una mujer verdaderamente ideal. El término kjáil sugiere la fortaleza, integridad, lealtad, honestidad, liderazgo y eficiencia de Rut. Aunque Booz propone este calificativo como la opinión de la gente en la puerta, es Booz quien llama a Rut una mujer de valor. Es, por tanto, de particular significado que esta descripción refleje la que usó Booz sobre sí mismo en Ruth 2:1. Esto iguala a Rut con Booz, sugiriendo que su comportamiento la coloca a ella a la par del respetable líder judío. También da a entender su compatibilidad, y la posibilidad de crear un matrimonio entre iguales.[7]

Rut se convierte en una mujer de poder e influencia que aparece en la genealogía de Cristo (Mateo 1:5).

La profetiza Michelle McClain-Walters escribió un libro sobre esto llamado *The Ruth Anointing* (La unción de Rut).[8] La invité a venir para que predicara sobre esto durante mi Desafío de la mujer kjáil en Facebook. Ella es otra de mis hijas espirituales que ha estado conmigo por casi treinta años. Le he enseñado todo lo que sé, y ella también me ha enseñado mucho. Es una profeta, predicadora y apóstol fuerte. Es escritora y una guerrera de oración poderosa. Es fuerte en activación, impartición y liberación. Mi ministerio y mi vida han sido bendecidos por la conexión con ella durante todos estos años. Ella y su esposo, Floyd Walters Jr., predican y dirigen conferencias en todo el país y el mundo. Esto es lo que el Señor le ha revelado a Michelle sobre Rut:

Cuando pienso sobre las mujeres de la Biblia, quienes tuvieron las características de la mujer kjáil, pienso en Rut. Incluso creo, a través de la experiencia profética, que cuando Salomón escribió sobre la mujer virtuosa en Proverbios 31, él estaba escribiendo sobre su bisabuela, Rut. Ella fue la única mujer en la Biblia a quien se le ha llamado una mujer virtuosa. En Rut 3:11, Booz dijo: "Todos sabemos que tú eres una mujer virtuosa (o kjáil)", (parafraseado).

Esto significa que Rut tuvo que haber hecho algo, algo que fue visto. A través de esto, Dios me mostró que los hombres kjáil reconocen a las mujeres kjáil. Dios me mostró que Él está acabando con la contienda entre hombres y mujeres y está levantando Rut y Booz (hombres kjáil y mujeres kjáil) y que vamos a avanzar juntos. El enemigo siempre ha tratado de ponernos en contra. Sin embargo, yo creo que este es el tiempo designado donde los hombres y las mujeres reconocerán que, sí, somos diferentes, pero que podemos andar en unidad. Con relación a esto, la unidad significa que vamos a avanzar juntos, pero que tenemos una diferencia.

Dios quiere que entendamos que nuestro valor se debe a nuestras diferencias, no a nuestros parecidos. Avanzar juntos en un pacto como mujeres kjáil y hombres kjáil está basado en el valor que le damos a las diferencias de unos y otros. Aunque el enemigo ha provocado que riñamos unos contra otros, creo que es tiempo de que las mujeres kjáil y los hombres kjáil anden juntos en unidad. Juntos podemos defender los poderes de las tinieblas.[9]

Las mujeres kjáil son fuertes

Las mujeres de Dios están creadas para operar en poder. La autora, Stella Payton dice:

Kjáil en su contexto original es *eshet kjáil* que significa "mujer de valor". Valor significa gran valentía ante el peligro, especialmente en la batalla. Implica valentía y coraje, hacer lo que la asusta. O agallas, la clase de atrevimiento que le permite arrancar rápidamente a alguien del peligro o de una situación desagradable. Kjáil es osadía, prepararse mentalmente para enfrentar situaciones demandantes. Ella es audaz, toma riesgos atrevidos con confianza.

Una mujer kjáil tiene temple, fortaleza de carácter, voluntad y determinación; espíritu: energía con determinación y firmeza; y agallas: valentía personal con carácter sólido, determinación verdadera; coraje con resolución. Ella es una mujer con arrojo: fuerza de carácter con determinación y osadía. Esta es una verdadera mujer kjáil. Y estas son las características que las mujeres necesitan hoy día.[10]

Hay una gran compañía (ejército) de mujeres kjáil que están declarando la Palabra.

El Señor daba palabra; había grande multitud de las que llevaban buenas nuevas. (Algunas versiones usan el término ejército).
—Salmo 68:11

El Señor da la palabra, y un gran ejército trae las buenas noticias.
—NTV

El Señor daba palabra: De las evangelizantes había grande ejército.
—RVA

Las mujeres kjáil son fuertes en la Palabra. Son fuertes en la profecía. Son fuertes en decretar y declarar. Son fuertes en la confesión.

Dios les dio poder a las mujeres en el día de Pentecostés. Las hijas profetizaban.

> Y en los postreros días, dice Dios, derramaré de mi Espíritu sobre toda carne, y vuestros hijos y vuestras *hijas* profetizarán; Vuestros jóvenes verán visiones, y vuestros ancianos soñarán sueños;
> —HECHOS 2:17, ÉNFASIS AÑADIDO

La palabra griega *dunamis* significa "poder", y este poder viene a través del Espíritu Santo. Recuerde, las mujeres no tienen un Espíritu Santo de menor rango.

La Biblia nos dice que Felipe tuvo cuatro hijas que profetizaban.

> Este tenía cuatro *hijas* doncellas que profetizaban.
> —HECHOS 21:9, ÉNFASIS AÑADIDO

Rompa los estereotipos, con Sophia Ruffin

La mujer kjáil profetiza. La palabra del Señor está en sus labios. Una de mis hijas espirituales, Sophia Ruffin, fue una invitada en una de mis transmisiones en *Facebook Live* en el "Desafío de la mujer kjáil", donde discutimos sobre la mujer kjáil. Ella es una predicadora fuerte que sobresale en el ministerio viajando por todo el país. Se requiere un nivel de valentía, coraje y fortaleza para hacer lo que ella está haciendo. No siempre animamos a las mujeres a ser audaces, valientes y aguerridas porque tratamos de no volverlas como los hombres. Sin embargo, como he dicho, las mujeres deberían ser valientes y aguerridas, y muchas de ellas lo son a pesar de la falta de ánimo en esta área. Así que le pregunté a Sophia: "¿Cómo encajan en tu vida la osadía y la valentía, en tu testimonio y hasta en hacer lo que haces hoy día?". Esto es lo que dijo:

> Durante muchos años, una ha escuchado sobre la mujer virtuosa y parece que se ha colocado dentro de un modelo preconcebido. Incluso cuando lo lee desde una perspectiva tradicional en Proverbios 31, se siente como si esta mujer está dentro de un estereotipo. Pero se trata solo de ser una mujer *virtuosa*. Hay más que eso. Se trata más de ser audaz, valiente, aguerrida, llena de valor y surge como un ejército de una sola mujer. Esta perspectiva nueva que usted está presentando realmente saca a esta mujer de los estereotipos. Usted ha provisto más definición del carácter de ella. Es poderoso que ya no estemos recluidas dentro de estos modelos preconcebidos de solo ser virtuosas.
>
> Lo que he aprendido es que una aún puede ser mujer, ser femenina, mientras que también es una mujer audaz, valiente y guerrera. Tuve muchos retos en mi adolescencia, y siendo mujer, una tiene mucha carga. La responsabilidad que se le impone a una mujer, muchas veces a temprana edad, es una carga pesada. Aun así, de alguna manera, una aprende a vencer. Aprende cómo andar a través de la oposición. Y, entonces, eso es lo que la revelación de la mujer kjáil significa para mí.
>
> Soy una persona valiente. Soy audaz porque no permití que mi vida, mis circunstancias, los retos que tuve que atravesar y todas las cosas que tuve que vencer, me detuvieran, me bloquearan o me paralizaran. Yo elegí levantarme. Sin embargo, cuando lo hice, no fue en mis propias fuerzas. Me levanté

en la fuerza de Dios. Cuando una mujer tiene una relación con Dios y ella puede levantarse en la fuerza de eso, se vuelve poderosa. Se vuelve temeraria. Confiada. Y se siente imparable.

Una cosa que yo hago es mantener esta mentalidad de que cuando veo algo que parece imposible, soy la que dice: "Quiero ese reto. Quiero ser quien lo logre. Quiero ser la que demuestre que eso es posible". Muchos se intimidan. Se retraen. No quieren hacerlo. Pero yo crecí con esta mentalidad. Crecí vencedora. Y, al igual que muchas mujeres, cuando me convertí en adulta, pude vencer y derrotar al enemigo muchas veces, y me volví temeraria. Mujeres kjáil, nosotras somos peligrosas.[11]

Audacia y valentía

He visto la audacia y valentía de Sophia. La he visto lanzarse al ministerio y viajar por todo el país. Y lo que me encanta de Sophia es esto: cuando se trata de valentía, ella la tiene en abundancia. Tuvo el valor para contar su testimonio. Mucha gente se avergüenza de su testimonio, pero debido a que ella tuvo el coraje para compartirlo, muchos han sido libertados. Incluso, ella escribió un libro sobre eso: *Set Free and Delivered: Strategies and Prayers to Maintain Deliverance*.[12] Ella dice:

Antes de que alguien conociera mi nombre y de que tuviera cualquiera de estas oportunidades o una plataforma, pasé ocho años en el desierto, avanzando en mi propia liberación y librándome de la homosexualidad. Dándome la capacidad para confiar en Dios y creer que es posible liberarse y permanecer libre. De eso escribí en mi libro. Además, hablo sobre ser proactiva en la batalla espiritual. Usted puede ser victoriosa y valiente. No siempre puede ser reactiva. Sino que tiene que ser proactiva. Ese es el punto sobre la mujer kjáil: ella sabe que no siempre puede ser reactiva y que no siempre debe esperar a que suceda algo para reaccionar. Tiene que ser proactiva en la guerra espiritual y saber cómo destruir al enemigo antes de que pueda atacarla. Eso es lo que me encanta de las mujeres fuertes, con confianza en sí mismas, mujeres de poder que dicen: "Esto es por lo que pasé, pero así es como logré salir". Somos una voz de esperanza para alguien más que podría estar en la misma lucha y que podría estar esperando que alguien sea lo suficientemente audaz, valiente, para compartir su testimonio.

Yo dije: "Bien, Dios, si vas a usar a cualquiera, entonces úsame a mí". Así que sencillamente empecé con ser audaz. Una vez que empecé a compartir mi testimonio y a ser una esperanza para que mucha gente dijera: "Guau, si Dios lo hizo por usted, Él puede hacerlo por mí". Y así fue cuando empecé a escribir libros.

Y me mantuve en curso. Usé discernimiento cuando surgían diferentes situaciones. Para algunas de estas, yo pensaba: "Bien, con eso viene la vergüenza".

Mucha gente oculta su poder, no hace nada con su unción, esconde su liberación, y retiene el avance de alguien más porque está permitiéndole al demonio llamado "vergüenza" que no las deje hablar. Sin embargo, yo creo que Dios está levantando mujeres valientes que hablarán y testificarán sobre lo que ellas han vencido y cómo salieron de allí. Cuando Dios añade su unción sobre eso, ¡oh, usted es poderosa!

Así que yo solo ando en la fortaleza de mi identidad. Dios está conmigo, y yo soy inamovible. El enemigo no me intimida.[13]

Se necesitó valentía para que Sophia se expusiera como era. Requirió valor. Y eso es lo que *kjáil* significa. Significa valentía, valor, coraje. Sophia y otras mujeres kjáil como ella son predicadoras fuertes que dan todo lo que tienen. Muchas veces se les ha dicho a las mujeres que no pueden predicar. Sin embargo, las mujeres kjáil predican con la fuerza y el poder de Dios a pesar de la oposición. Los hombres son liberados bajo su ministerio. Las mujeres son liberadas. Los jóvenes son liberados. La mujer kjáil es una bendición para todos a quienes ministra. La mujer kjáil no solo hace reuniones de mujeres. Ellas echan fuera demonios y profetizan con todo el poder del Espíritu Santo.

Mujer de Dios, la desafío a levantarse y ser fuerte de la misma manera en que yo desafiaría a mis hijas espirituales. No sea una mujer débil. No sea tímida. No tenga miedo. No se avergüence. No se esconda. No retroceda. No permita que la gente le diga que no puede hacerlo porque es mujer. No se sienta como una persona de segunda categoría. En Cristo, no hay hombre ni mujer. La Biblia dice que ambos, hijos *e* hijas, profetizarán. Hay un lugar para usted.

Valor es mi nombre, con Valora Shaw-Cole

Valora Shaw-Cole y su esposo, LeJun Cole, pastorean la iglesia *Perfecting Love* en Tampa, Florida. Ella es una hija espiritual y una guerrera de oración y predicadora poderosa. Ella ha abierto nuestras conferencias en oración. Valora no solo sirve activamente en el ministerio, sino que, además, tiene impacto en el sistema escolar y en su gobierno local. Y también ha escrito varios libros.

La razón por la que invité a acompañarme en mi "Desafío de la mujer kjáil", en *Facebook Live,* en junio de 2018, se debe a que su nombre es Valora. No había visto que la palabra *valor* era parte de su nombre hasta que hice el reto kjáil. Así que le pedí que compartiera sobre su nombre, cómo llegó a entenderlo, el poder que hay detrás de él, y qué había hecho la revelación de su nombre por su vida. Esto es lo que dijo:

Durante años, definitivamente no supe quién era yo. Recuerdo que hace veinte años Dios me preguntó: "¿Qué significa tu nombre?". Yo no tenía ni idea. Estaba atravesando un tiempo muy difícil en mi vida, así que empecé a estudiar la Palabra. Escuché a Dios decir: "Busca *valor*". Cuando lo hice, vi que significaba ser audaz, fuerte y valiente.

Yo dije: "Bueno, guau, Dios. ¿Es esto lo que me estás diciendo? ¿Tengo que ser audaz? ¿Tengo que ser fuerte? ¿Tengo que ser valiente?".

En aquel tiempo, yo era enfermera y tenía que escribir mi nombre varias veces al día. Dios me dijo: "Cada vez que escribas tu nombre, cada vez que lo pronuncies, cada vez que lo escuches, se está haciendo una declaración sobre tu identidad".

Esta revelación hizo que profundizara aún más. Durante muchos años, me habían dicho que no era nada, que no era buena, que nunca lograría nada, que nunca haría nada y que nadie me amaría jamás. Eso fue lo que crecí creyendo en mi propia casa. Cuando fui a la escuela, mis compañeros me amedrentaban. Siendo excluida tanto y de esta forma, sentía como si no tuviera valor ni aprecio en nada. Permití que el miedo me silenciara. Permití que el temor me paralizara. Crecí con mucho temor e intimidación. Tenía temor al rechazo y al triunfo. Y fui buena alumna en la escuela. Siempre sobresalía. Estuve en el listado de los mejores. Sin embargo, incluso esas cosas hacían que me rechazaran. Sobresalir hacía que me rechazaran. Sentía como que estaba en un lugar y no sabía qué hacer.

Así que empecé a estudiar la Palabra, y Dios comenzó a tratar conmigo y a mostrarme quién era yo en realidad. Él me mostró que yo había sido hecha asombrosa y maravillosamente, y que fui creada a su imagen y semejanza, y que Él me conocía desde antes que yo estuviera en el vientre de mi madre. Pero aun en mi concepción, tuve situaciones adversas. Mi madre no estaba casada con mi padre en ese entonces, y fue un tiempo muy difícil para ella.

No conocía a mi padre. Solamente supe su nombre. No fue sino hasta a principios de mis veintes que lo conocí. Así que parte de mí sentía este vacío porque no sabía ni entendía. Mi madre y yo éramos muy diferentes. Yo sentía que estaba en una familia a la que no pertenecía. Atravesé todo ese proceso de sanidad. Atravesé el proceso de renovar mi mente. Y eso fue una gran clave para mí. Dios me dijo: "Tienes que renovar tu mente. Tienes que leer mi Palabra. Tienes que continuar confesando tu identidad según mi Palabra. Tienes que saber la verdad, porque el enemigo siempre te mostrará algo falso. Incluso te dará pruebas, pero tú tienes que entender la verdad".[14]

Lo que valora ha atravesado y la forma en que hace todo lo que hace y lo que ha logrado tanto profesionalmente como en el ministerio, demuestran su testimonio de avanzar con valor, valentía y audacia. Dios tiene este mismo sendero delineado para todas sus mujeres kjáil: para llevarlas de lo que otros les han dicho que son a un lugar de fortaleza, influencia y poder. Hay muchas veces en la Biblia donde Dios deja en claro su verdad sobre la identidad de una persona al darle un nombre nuevo: Abram cambió a Abraham; Sarai cambió a Sara, Jacob cambió a Israel, Saulo cambió a Pablo, y así sucesivamente. Quizá usted no reciba un nombre nuevo en lo natural, pero Dios quiere que esté consciente de lo que, o mejor dicho *quién*, dice Él que usted es. ¿Tiene temor o está llena de fe, tímida o audaz, insegura o confiada, rechazada o aceptada, habla con voz suave o directa y claramente? ¿Cómo le dice Dios en esta época? ¿Cuál es su nombre?

UNA MUJER DE SABIDURÍA Y DISCERNIMIENTO

Capítulo 2

UNA MUJER DE SABIDURÍA Y DISCERNIMIENTO

UNO DE LOS versículos que continúo mencionando es Salmo 68:11:

"El Señor daba palabra; había grande multitud de las que llevaban buenas nuevas".

En hebreo, el versículo en realidad se lee así: "grande multitud de mujeres que llevaban buenas nuevas". La versión Reina Valera Revisada 1960 quitó la palabra *mujeres*. Si usted mira otras traducciones, algunas dicen: "Había gran multitud de mujeres que transmitían las buenas nuevas". Ha habido muchas situaciones donde se les ha dicho a las mujeres que no pueden predicar, no pueden enseñar y no tienen llamado. Y, sin embargo, Dios dice: "Cuando dé la palabra, voy a levantar una gran multitud de mujeres que la van a proclamar".

Una de las características centrales de la mujer kjáil es su capacidad para escuchar a Dios y entregar la palabra de Él a través de acciones sabias, discernimiento y consejo piadoso. La mujer kjáil profetiza, anima, edifica, da crecimiento y lleva sabiduría a cada situación o lugar a donde Dios la envía. En el hogar, iglesia y negocio, la presencia de las mujeres kjáil es un beneficio para todos aquellos que la reciben y promueven sus dones.

Abigail,
una mujer kjáil de sabiduría

Abigail es una de mis mujeres kjáil favoritas en las Escrituras. Ella tuvo la sabiduría para acercarse al rey David cuando él iba en camino a matar a toda su familia por la estupidez de su esposo.

> Entonces Abigail tomó luego doscientos panes, dos cueros de vino, cinco ovejas guisadas, cinco medidas de grano tostado, cien racimos de uvas pasas, y doscientos panes de higos secos, y lo cargó todo en asnos.
>
> —1 Samuel 25:18

David elogió a Abigail por su sabiduría. Después de la muerte de su esposo, Abigail se casó con el rey. Su matrimonio con el rey fue por su belleza y sabiduría. Ella se convirtió en una mujer influyente en Israel por su haberse casado con el rey.

La dama de sabiduría

A la sabiduría se le describe como una dama en el libro de Proverbios. En Proverbios 1:20-33 y en Proverbios 8:1-9:12, la sabiduría es personificada como una mujer que tiene mucho que ofrecer; incluyendo: "riqueza duradera y prosperidad" y "vida", para cualquiera que preste atención a sus palabras (Proverbios 8:18, 35). La sabiduría da fortaleza.

> Conmigo está el consejo y el buen juicio; yo soy la inteligencia; mío es el poder.
>
> —Proverbios 8:14

Además todas las mujeres sabias de corazón hilaban con sus manos, y traían lo que habían hilado: azul, púrpura, carmesí o lino puro.

—Éxodo 35:25

Aplica su mano al huso, y sus manos a la rueca.

—Proverbios 31:19

La sabiduría está conectada a la fortaleza

Con Dios está la sabiduría y el poder; suyo es el consejo y la inteligencia.

—Job 12:13

He aquí que Dios es grande, pero no desestima a nadie; es poderoso en fuerza de sabiduría.

—Job 36:5

La sabiduría está conectada a la fuerza

Y reposará sobre él el Espíritu de Jehová; espíritu de sabiduría y de inteligencia, espíritu de consejo y de poder, espíritu de conocimiento y de temor de Jehová.

— Isaías 11:2

Y Daniel habló y dijo: Sea bendito el nombre de Dios de siglos en siglos, porque suyos son el poder y la sabiduría.

—Daniel 2:20

A ti, oh Dios de mis padres, te doy gracias y te alabo, porque me has dado sabiduría y fuerza, y ahora me

has revelado lo que te pedimos; pues nos has dado
a conocer el asunto del rey.

—Daniel 2:23

Y venido a su tierra, les enseñaba en la sinagoga de
ellos, de tal manera que se maravillaban, y decían:
¿De dónde tiene éste esta sabiduría y estos milagros?

—Mateo 13:54

Débora, una mujer kjáil de discernimiento y consejo

Débora es una de las mujeres kjáil más sorprendentes en la
Escritura. Ella era jueza en Israel y también profetiza.

Entonces los hijos de Israel clamaron a Jehová, porque aquél tenía novecientos carros herrados, y había
oprimido con crueldad a los hijos de Israel por veinte
años. Gobernaba en aquel tiempo a Israel una mujer,
Débora, profetisa, mujer de Lapidot; y acostumbraba
a sentarse bajo la palmera de Débora, entre Ramá
y Bet-el, en el monte de Efraín; y los hijos de Israel
subían a ella a juicio.

—Jueces 4:3-5

Débora tenía sabiduría y discernimiento para juzgar. Ella
era una vidente que juzgó a la nación entera. Por su ejemplo,
vemos que las mujeres kjáil emiten veredictos y juzgan.

Una gran motivadora

Débora atacó al enemigo con Barac, el comandante militar
de Israel. Ella motivó a Barac para que peleara.

Ella dijo: Iré contigo; mas no será tuya la gloria de la jornada que emprendes, porque en mano de mujer venderá Jehová a Sísara. Y levantándose Débora, fue con Barac a Cedes.

—JUECES 4:9

Entonces Débora dijo a Barac: Levántate, porque este es el día en que Jehová ha entregado a Sísara en tus manos. ¿No ha salido Jehová delante de ti? Y Barac descendió del monte de Tabor, y diez mil hombres en pos de él.

—JUECES 4:14

Decir las palabras correctas y la ley de clemencia, con Michelle McClain-Walters

Preste atención a lo que Michelle McClain-Walters tiene que decir sobre las *palabras* de una mujer *kjáil*. Como mujer de Dios, usted está llamada a decir "palabras correctas".

Como mujer kjáil, usted tiene una gracia especial. Proverbios 31:26 dice:

"Y la ley de clemencia está en su lengua".

Hay algo en sus palabras. Mujer de Dios, usted tiene una capacidad para decir las palabras correctas que llama a una nación a levantarse, que llaman a un general a su destino, y que hacen que una nación se levante y pelee por los principios de Dios.

Pensemos en la posición de Débora. Su posición como juez equivalía a la de un presidente en nuestros días. Viendo a todos aquellos que ocuparon la posición de juez en la antigua Israel, note que Sansón peleó con la quijada de un asno (Jueces 15:15-16). Aod, el zurdo, usó una daga de dos filos (Jueces 3:15-16). Pero adivine ¿cuál fue el arma de Débora? Palabras. Dios dijo: "Yo pondré las palabras en su boca".

Las mujeres kjáil permanecemos firmes en la guía del Señor. Nosotras marcamos y percibimos sus palabras. Dios le dará una palabra. Él hará que usted les hable a mujeres, hombres, e incluso, a situaciones. Todas las mujeres kjáil tenemos una dimensión profética en nuestra vida. Usted tiene el espíritu de discernimiento.

Débora tenía sabiduría y tenía poder. Dios pondrá el discernimiento en su espíritu porque usted tiene gracia profética para ver, escuchar y conocer la estrategia y el plan de Dios. Luego, Él le dará un el espíritu de poder. Mire, kjáil significa poder. Poder es el ímpetu, la fuerza, para llevar a cabo la instrucción de Dios.

Débora dijo las palabras correctas en el momento preciso que movilizaron a toda la nación. Su arma de guerra fueron sus palabras. Las mujeres kjáil son mujeres que dicen palabras poderosas. Somos mujeres de valor. Tenemos las palabras correctas, tal como dice el versículo, la ley de clemencia está en nuestra boca.

Confirmar la palabra del Señor, con Kendria Moore

Cuando hice el "Desafío de la mujer kjáil", trajo a mi mente tantas mujeres de Dios que conozco. Muchas de ellas son hijas espirituales, mujeres que han profetizado conmigo durante años, yendo alrededor del mundo, profetizando en diferentes naciones. Yo animo a mis hijas espirituales a ser fuertes en lo profético. Es muy importante.

Para Kendria Moore, lo profético es algo muy importante en su vida. Dios la usa en su ministerio en Houston para animar a las mujeres que tienen el mismo testimonio que ella: personas que fueron rechazadas, pasadas por alto, anuladas, y a quienes se les dijo que nunca serían alguien. Ella usa impartición, profecía, enseñanza, capacitación, oración y adoración para que se activen y fluyan en el poder de Dios. Le pedí que compartiera su testimonio y cómo ha sido servir como una mujer kjáil profética. A continuación lo que ella me dijo:

> Comencé mi ministerio en 2013, y para serle sincera, el ministerio no era algo que yo quería hacer. Tenía muchas otras visiones y sueños, y un día, el Espíritu Santo me estaba hablando y supe que era el momento.
>
> Todo empezó años atrás, cuando la Dra. Juanita Bynum me profetizó que Dios tenía cosas muy grandes para mí, cosas que yo iba a hacer y para las que tenía dones especiales. Años después, en 2013, Dios nos conectó como una manera de confirmación. Teníamos la misma visión. Escuché a Dios decir que Él me iba a usar para que el cuerpo de Cristo volviera al lugar a donde Dios lo había llamado desde el principio, para que volviera a su primer amor. Luego, Él usó a la Dra. Bynum para decirme que fuera anfitriona de una conferencia.
>
> Nunca había dirigido un avivamiento. Nunca había organizado ningún tipo de evento. Pero Dios me dijo: "Tú puedes". Yo no era alguien. No era una persona conocida. Solamente era alguien preocupada por sus propios asuntos, una madre soltera.

Di a luz a mi primera conferencia, y fue poderosa. Fue una conferencia de sanidad y liberación en Houston, Texas. La gente vino de todas partes del mundo. Tuvimos más de mil personas que vinieron a participar del gran mover de Dios. Fue tan poderosa que terminamos quedándonos en la iglesia toda la noche. Entramos el viernes por la noche y no salimos sino hasta el sábado por la tarde. Dios se movió asombrosamente. Fue una oración como ninguna otra. Tuvimos oración de medianoche.

De allí, Dios continuó dando vida a nuevas conferencias, y Él me dio el ministerio *Prophetic Flow Ministries*. Creo que *Prophetic Flow Ministries* es representativo del llamado profético que está en mi vida. Dios me ha llamado al don de profecía como una puerta verbal para pronunciar su palabra. Y cuando yo digo su palabra, creo que algo sucede, y la gente es sanada, rescatada y libertada. Yo ni siquiera sabía que había una unción en mi vida como esa; sin embargo, lo que he descubierto es que la gente que no la quería son las personas que Él está usando.

Eso no era lo que yo quería, pero ahora que lo estoy haciendo, es todo lo que sé hacer. No sé hacer nada más, sino pronunciar vida en la gente. No sé hacer nada más, sino decretar y declarar sanidad sobre la vida de las personas. No quiero nada más. Esto es el aire que respiro. Esto es mi vida. Es lo que me encanta hacer todos los días.[1]

Las relegadas, las aisladas, las ninguneadas

Le pedí a Kendria que hablara de por qué ella sentía que el don profético de la mujer kjáil era importante. Esto es lo que dijo:

Muchas personas ni siquiera saben que yo fui etiquetada cuando era una niña, y se me dijo que nunca sería algo. Y yo creo que eso es una parte del ministerio. Dios está enviando gente a este ministerio que ha sido etiquetada, que ha sido relegada, que ha sido aislada, a las personas ninguneadas, a las que se les ha dicho que no pueden avanzar. A pesar de haber sido etiquetada, estado en educación especial, y simplemente haber sido una niñita que atravesó muchas tragedias en su niñez, ahora Dios me permitió dar vida a este ministerio. En aquel entonces, yo no entendía las pruebas, pero ahora sé que fueron para la gloria de Dios. Así que hoy celebro después de cinco años en el ministerio, y Dios está haciendo cosas que no se habían escuchado.

He visto mucho en este andar profético. Algo a lo que me gustaría llamar "en camino a la muerte", si se puede. Al experimentar lo profético, para mí, Dios simplemente ha abierto mis ojos a todo tipo de bendiciones, situaciones, milagros y testimonios.

Recuerdo esta vez en particular, yo estaba en un restaurante y sentí que me estaba ahogando, así que fui al bar (escuché: "ve al bar", así que fui). Cuando llegué al bar, le pedí al cantinero que, por favor, me diera agua. Mientras tomaba el agua, el Espíritu Santo me guio a una joven que estaba sentada a mi derecha, y yo la vi. Empecé a decirle que Dios decía que Él quería sanarla. Yo no conocía a la chica. Dije, "Dios dice que Él va a sanar todo con lo que estás lidiando, todo lo que has estado pasando". Empecé a profetizarle a esta desconocida.

Mientras le profetizaba, ella estaba tomando tragos. Estaba bebiendo muchísimo licor en ese momento. Me vio y dijo: "Ni siquiera la conozco, pero lo que usted no sabe es que yo estaba a punto de suicidarme antes de que viniera y me hablara". Ella dijo: "Estaba al borde de quitarme la vida literalmente. Pero sus palabras me han animado; sus palabras me hicieron saber que hay un Dios y que Dios es real".

Luego, me comparó con su abuela. Dijo: "Nunca pensé que conocería a alguien que fuera tan espiritual como mi abuela". Esa noche, ella no se quitó la vida, sino que se la entregó a Cristo.

Después, Dios dijo: "La razón por la que te mandé a que te dieran agua es porque el agua representa vida. Hice que tu garganta te ardiera porque ella se iba a colgar en la habitación del hotel. Te permití experimentar lo que ella iba a sentir".[2]

Las mujeres kjáil son puertas verbales

Kendria continuó:

Yo creo que esto representa la importancia de la mujer kjáil, quien está proféticamente dotada. Es muy importante que seamos diligentes, que tengamos oídos aplicados y que estemos atentas a lo que Dios está diciendo porque uno nunca sabe si es una situación de vida o muerte. Usted nunca sabe quién necesita lo que Dios está diciendo.

Yo creo que los profetas son puertas verbales. Vienen a consolar, a exhortar. Vienen a dar la palabra de Dios, y es muy importante porque la gente depende de la palabra de Dios. Dependen de la voz de Dios.

No siempre son situaciones de muerte. Algunas personas dependen de que usted les diga que Dios está por promoverlas. La promoción es magnífica porque les da esa fe, entender que si Dios lo dijo, así será. Si Dios lo dijo, Él lo hará. Y muchas veces, es una palabra que confirma algo que la persona ya sabe.

Yo creo que Dios me llamó a confirmar. Soy una profeta de confirmación. Lo que Dios me diga, siempre confirma lo que la persona ya sabe. Así que Él no me va a usar para decirle a las personas algo que ellas no sepan. Él me usa para confirmar algo que ya se ha dicho, algo que ya hace eco en el espíritu de ellas.[3]

Miles de mujeres como Kendria están predicando, enseñando, profetizando y echando fuera demonios. Estos son tiempos maravillosos. A veces, la gente va a la iglesia y dice: "No veo el poder. ¿Dónde está el poder?". Si usted no está viendo poder alguno, se encuentra en el lugar equivocado. Dios está usando muchísimos ministerios, especialmente los que son dirigidos por mujeres kjáil, para llevar a cabo milagros de manera consistente.

Para quienes dicen que no ven el tipo de poder que estaba presente en el libro de Hechos, no sé a qué iglesia asiste o con quién anda. Hay mucho más sucediendo hoy día que en cualquier otro momento de la historia. Hay más profetas, más palabras proféticas, más milagros y más liberaciones hoy día que nunca. La obra que Kendria y muchas otras hacen, yendo de ciudad en ciudad y de nación en nación, le muestra el poder de Dios a esta generación y a la siguiente. Cada generación necesita ver el poder de Dios. Las mujeres kjáil tienen un papel que jugar en liberar el poder —las señales, maravillas y milagros— de Dios para esta generación en particular.

UNA MUJER DE SUSTANCIA Y RIQUEZA

Capítulo 3

UNA MUJER DE
SUSTANCIA Y RIQUEZA

L A MUJER KJÁIL es una mujer rica. La Biblia dice esto en Deuteronomio 8:18:

Sino acuérdate de Jehová tu Dios, porque él te da el poder para hacer las riquezas, a fin de confirmar su pacto que juró a tus padres, como en este día.

Esa palabra "riqueza" es *kjáil*.[1] La mujer kjáil tiene fuerza. Tiene poder. No es solo una mujer normal. Ella es virtuosa. Ella es kjáil. Sabe cómo administrar el dinero. Sabe cómo manejar sus intereses. Nunca se siente mal de administrar sus intereses. Repítalo conmigo ahora mismo: "Yo administro mi negocio. Yo tengo kjáil en mi vida. Tengo la fortaleza de Dios en mi vida". Si usted no administra sus intereses, alguien más lo hará. Y nadie puede administrar sus intereses mejor que usted.

Usted puede tener propiedades. Puede tener terrenos. Puede tener dinero en el banco. Puede tener inversiones. Puede tener fortaleza financiera. Puede estar en juntas directivas. Puede estar en comités. Puede tener su propia fundación. Puede tener su propio fideicomiso. Puede estar en el mercado de valores. Puede manejar sus intereses como mujer. No se limite. Para algunas que creen que su único camino a la riqueza es casarse con un hombre adinerado, sepan que dentro de ustedes tienen el poder para ser ricas también. No hay nada de malo con casarse con alguien que sea rico. El punto aquí es no limitar su propia capacidad para andar en la riqueza y el poder kjáil.

La mujer kjáil
es una fuerza financiera

Tal como lo hemos señalado, *kjáil* significa riquezas. Cuando usted tiene riqueza, tiene una fuerza financiera o fortaleza financiera. Kjáil significa riqueza, poder, fuerzas, ejércitos. Así que cuando en Isaías 60:11 dice que el ejército, o las fuerzas, de los gentiles y de sus reyes serán llevados a Sion, lo que está diciendo es que cuando el reino y la gloria vengan, entonces la riqueza, la fuerza y el poder de los gentiles tienen que ir a Sion.

Dios quiere que usted tenga riqueza. No tiene que estar en pobreza. Usted es una mujer virtuosa. Es una mujer kjáil. Mientras continúa leyendo y orando Proverbios 31:10-31, verá que ella es una mujer de negocios. Ella encuentra un campo y lo compra. Dios quiere que las mujeres sean gente de negocios.

Kjáil, eficiencia y riqueza

Lo que me parece más interesante acerca de *kjáil* es que, según la *Strong's Exhaustive Concordance,* la palabra también está conectada a eficiencia.[2] Ser eficiente significa lograr "la productividad máxima con el mínimo gasto de esfuerzo o recursos".[3] Esto quiere decir que si usted va a ser kjáil, no puede desperdiciar su tiempo en cosas. Lo diré de esta manera: no pierda su tiempo con gente y cosas que no son productivas. La mujer kjáil es una mujer eficiente.

Algunos de nosotros tuvimos madres que fueron muy eficientes. Ellas sabían como obtener lo máximo de un poco. Eran eficientes en la casa. Eran eficientes con la ropa. Eran eficientes con el dinero. Eran eficientes con la comida. Sabían tomar un poco y hacer que alcanzara. Porque ellas no eran solo mujeres; eran mujeres kjáil. Había una fortaleza en ellas, aunque no tuvieran mucho.

Usted sabe, muchos de nosotros crecimos en una casa donde nunca nos cortaron el teléfono. Hoy día el teléfono de la gente siempre está cortado. En aquel entonces, la gente sabía cómo pagar la factura telefónica, la del gas, pagar la renta, y poner comida en la mesa. Aunque usted haya sentido que era pobre, siempre tuvo comida. Nunca pasó hambre. Debido a que tenía una mujer en la casa que sabía cómo ser eficiente. Por eso me encantan las mujeres kjáil.

Dígalo conmigo en este momento: "Señor, hazme eficiente".

Algunos desperdician demasiado tiempo en cosas que no son importantes o productivas. Desperdicia su vida cuando anda con perdedores, con oportunistas y con gente que solo se aprovecha de usted. Cuando todo pasa, usted se queda sin nada.

Pero eso no sucede con la mujer kjáil. Ella es una mujer eficiente. Sabe cómo usar su tiempo. Sabe cómo usar su horario. Sabe cómo terminar algo. Ella no desperdicia su tiempo en frivolidades. No desperdicia su tiempo en chismes y andando con gente vana. Ella no desperdicia su tiempo en el club. No desperdicia su tiempo haciendo cosas que no traen bendición, cosas que no permiten el avance.

Ella es una mujer virtuosa. Es una mujer eficiente. Ella dice: "No tengo tiempo para eso. No tengo tiempo para andar contigo si no vas a hacer nada. No tengo tiempo para perseguir a un hombre por todos lados. No tengo tiempo para estar con un hombre diferente cada vez que me veas. No desperdicio mi vida ni mi tiempo. No tengo tiempo para tener diez hijos de diez padres. No tengo tiempo para eso. Tengo mejores maneras de usar mi tiempo que andar acostándome con cada perdedor del vecindario". La mujer kjáil es aquella a quien escuchará decir: "Nadie tiene tiempo para eso".

Ella está demasiado ocupada haciendo cosas que importan. Está demasiado ocupada llevando una vida productiva. Ella confía en Dios. No necesita un viejo rico. Ella es eficiente y no se desperdicia a sí misma, no desperdicia sus dones, talentos, pensamientos, emociones, recursos ni su cuerpo en cualquier persona o cosa que no traiga beneficios a su recorrido en la vida.

La mujer kjáil está orientada a los negocios. Es competente, productiva, capaz y organizada.

Dios está levantando mujeres de negocios, mujeres en el mercado empresario, que pueden ir allí y hacer dinero y ser bendecidas, mujeres que pueden lanzar un producto que cubra necesidades y resuelva problemas. La excusa de una mujer kjáil no es "soy mujer, no puedo hacer esto". No. Ella no inventa excusas, y confiada en la forma en que Dios la diseñó, dice: "Yo puedo hacer esto porque soy mujer, una mujer virtuosa, una mujer de Dios, una mujer kjáil".

Kjáil, riqueza y una sociedad dominada por hombres

No debería ser poco común o inusual encontrar mujeres con riqueza. A veces, la sociedad ha dificultado que las mujeres avancen y sean pioneras. A veces, las mujeres han ido al campo de los negocios y se les ha tratado de manera sexual. Y han sido atacadas sexualmente, usted conoce la historia. En Hollywood, la mala conducta está siendo finalmente expuesta. En su mayor parte, siempre supimos lo que estaba pasando, donde las mujeres son forzadas a tener sexo a cambio de papeles estelares. Pero Dios le dice a usted, mujer: "Te he creado para ser una mujer virtuosa. Te he creado para ser una mujer kjáil. No te creé para ser tratada como una alfombra que la gente pisotea, ni ser controlada, abusada ni acosada sexualmente, ni para que se aprovechen de ti, te pasen por encima o te ignoren. Te hice para ser eficiente, tener riqueza, que seas fuerte y poderosa".

Es algo maravilloso cuando una mujer entre en su momento de favor y todos dicen. "¡Guau! ¿De dónde salió ella?". Pero ellos no conocen quién es su Padre.

Riqueza y poder

Poder es la capacidad para hacer cosas que uno generalmente no podría. Poder significa que uno tiene la fuerza para atravesar paredes, barreras y oposición. Al diablo le encanta poner paredes alrededor de las mujeres y obstaculizar su progreso. Él odia a las mujeres porque fue la semilla de una mujer la que lo hirió en la cabeza. (Vea Génesis 3:15). Él quiere mantener a las mujeres en un lugar donde no se sientan fuertes. Y si hay un punto cuando ellas se vuelven fuertes, los hombres a veces dicen: "Bien, ¿quién te crees tú?". Debido a que los hombres muchas veces han visto a las mujeres como objetos sexuales, pensando y comportándose como si dijeran: "Tú estás aquí para darme placer". Los hombres no esperaban que las mujeres fueran multimillonarias, hasta que apareció Oprah. Me gusta eso: mujeres multimillonarias frente a todo el mundo.

¿Cómo es que podemos ver esos avances y, luego, reclinarnos y decir "Oh, qué lindo"; pero no creer en que puedan suceder en nuestra vida? Mujer de Dios, ¿está creyéndole a Dios por este nivel de avance en su vida? ¿Está creyendo por este espíritu de poder?

El poder le da la capacidad para obtener riqueza. Hay cierta fortaleza que usted debe tener para volverse rica. Tiene que superar algunas cosas. Tiene que vencer algunas cosas. Tiene que lidiar con algunos retos. Tiene que lidiar con algunos demonios que han determinado mantenerla atada e impedirle cumplir sus sueños. Tiene que lidiar con algunos demonios de negocios llamados ladrones y mentirosos. Dios le dará el espíritu de poder para hacerlo. Él le dará la capacidad para tomar decisiones correctas, obtener discernimiento, para estar atenta a las serpientes y para avanzar.

Será que cuando el banco diga que no, Dios dice sí. Cuando ellos digan que usted no puede hacerlo, usted les dirá: "Mi producto impactará el mercado. Yo saldré adelante. Tendré éxito".

El espíritu de poder no la faculta para hacer todo en la forma que lo haría un hombre. Las mujeres son mujeres, y los hombres son hombres. Fuimos creados con diferencias en la manera en que expresamos la fuerza. Solo porque usted es una mujer, no significa que tenga que ser débil, tampoco significa que llegar somatando los pies, como los grandes jefes. En otras palabras, no tiene que volverse un hombre para ver venir sobre usted al espíritu de poder y recibir la capacidad para obtener riqueza y triunfar en los negocios. Las mujeres en negocios tienen fortalezas únicas que no deberían ser anuladas por las creencias dominadas por los hombres.

Las mujeres kjáil son mujeres de recursos

Recuerde, esta palabra significa riquezas, abundancia y recursos. Las mujeres kjáil son generosas.

> Y también algunas mujeres que habían sido sanadas de espíritus malignos y de enfermedades: María, a la que llamaban Magdalena, y de la que habían sido expulsados siete demonios; Juana, la mujer de Chuza, el intendente de Herodes; Susana, y muchas otras que los atendían con sus propios recursos.
>
> —Lucas 8:2-3, RVC

Estas mujeres, que habían sanado de sus enfermedades y demonios, ministraban a Cristo con sus propios recursos. Ellas sostenían el ministerio de Jesús. Las mujeres kjáil son mujeres sanadas y libertadas.

Las mujeres kjáil son mujeres empresarias

Ellas saben cómo manejar bienes raíces y propiedades. Las hijas de Zelofehad solicitaron su herencia después de que los hombres de su familia habían muerto. Dios le dijo a Moisés que les concediera su petición.

Bien dicen las hijas de Zelofehad; les darás la posesión de una heredad entre los hermanos de su padre, y traspasarás la heredad de su padre a ellas.

—NÚMEROS 27:7

La mujer kjáil evalúa un campo y lo compra. Ella planta un viñedo.

Considera la heredad, y la compra, y planta viña del fruto de sus manos.

—PROVERBIOS 31:16

Las mujeres kjáil se involucran en el comercio.

Es como nave de mercader; Trae su pan de lejos.

—PROVERBIOS 31:14

Es como un barco de un lugar lejano que de todas partes trae provisiones a la casa.

—PROVERBIOS 31:14, (PDT)

Del espíritu de pobreza al espíritu de creatividad en innovación, con Sophia Ruffin

Sophia Ruffin participó en el "Desafío de la mujer kjáil" y me permitió entrevistarla acerca de su testimonio y de la manera en que Dios se ha movido en varios aspectos de su vida. Le pedí que compartiera su testimonio de cómo pasó de un empleo típico de ocho horas diarias que detestaba a un ministerio internacional. Ella valientemente dio un paso de fe y fue tras todo lo que Dios tenía para su vida. Ha escrito libros. Ha viajado por todo el país. Hace seminarios por internet y conferencias. Todo requirió valentía. Pero también hay algo a lo que se abrieron sus ojos respecto a la riqueza y creo que la bendecirá a usted. Dios quiere usar mujeres kjáil para generar riqueza. Usted puede separarse del espíritu de pobreza, carencia y limitaciones, y a cambio, trasladarse a la creatividad, innovación y riqueza. Sophia comparte cómo Dios hizo eso por ella:

Sí, se necesitó mucho valor para dejar ese trabajo. Fui trabajadora social durante trece años, y mi salario máximo como trabajadora social ligeramente un poco más del doble del salario mínimo. Yo iba a trabajar todos los días, cumplía con la rutina. Hablaba en lenguas y oraba. La gente pensó que había renunciado a mi trabajo para ir al ministerio tiempo completo, pero en realidad yo no tenía nada más que tres compromisos a los que asistía anualmente cuando renuncié. No había escrito ningún libro. Así que no estaba yéndome porque tuviera algo; fue un paso de fe.

Me la pasaba diciendo: "Estoy harta de este trabajo. Estoy cansada de esto".

En aquel entonces, era invierno y, como bien saben, en Chicago la temperatura es bajo cero. Iba caminando por el centro mientras lloraba. Mis lágrimas se congelaron en mi rostro. Cuando entré a la oficina, vi mi rostro pálido y me dije: "Esta es la última vez que hago esto. No puedo seguir así". Yo sabía que Dios tenía más para mí y que su llamado no era de solo quedarme sentada".

Estaba harta del demonio de pobreza en mi linaje. Quería hacer algo diferente con mi vida. Yo había sido fiel. Demostré lo que podía hacer. Diezmaba.

Un día, se presentó una situación donde mi supervisor llegó e hizo lo correcto en el momento justo. Yo dije: "Muy bien. Ya es suficiente". Salí en fe y dije: "Solo necesito diez días. Si me dan diez días, voy a producir un milagro".

No sabía lo que había para mí, pero escribí mi primer libro en esos diez días. Usé mi último cheque salarial y el pago de mis vacaciones y lo invertí en mi libro. Y las cosas sencillamente se destaparon.

Inmediatamente después de que me fui, empecé a hacer mis videos. Empecé siendo consistente y continué con este fluir. La confianza en mí misma empezó a crecer. Y, repentinamente, hubo una reacción en cadena. Hubo conexiones divinas que conectan la vida y el ministerio. Incluso empezaron a suceder más reacciones en cadena.

Yo creo que Dios recompensará su valentía. Él recompensa a aquellos que tienen agallas. Las mujeres kjáil tiene las agallas para hacer cualquier cosa que Dios las llame a hacer. Para mí, fue aterrador. Yo pensaba: "¿Qué pasaría si algo sale mal?". Pero, luego, decía: "Espera. Estoy muy enfocada en lo que podría salir mal. ¿Qué pasaría si sale bien?".

Si tengo a Dios, si tengo fe y di un paso de fe y tengo agallas, sencillamente lo haré, algo puede salir bien. Creo en eso. Cuando lo hice, todo se destapó financieramente para mí. Financieramente, empecé a ver a Dios destruir ese espíritu de pobreza en mí. Empecé a verme a mí misma en un lugar para ser bendecida financieramente. Surgió de dar un paso de fe y de ser valiente, y no ver siempre lo malo que puede suceder.

Nosotras como un pueblo, especialmente las mujeres, estamos preocupadas y angustiadas sobre todo lo demás. Vemos a nuestro alrededor diciendo: "Caramba, esto puede salir mal. Esto puede salir mal.

Esto puede salir mal". Sin embargo, nosotras somos gente de fe. Oramos. Tenemos a Dios. Entonces, ¿por qué siempre enfatizamos lo que puede salir mal? En mi vida, yo revertí eso. Yo pensaba en lo que podía salir bien. Pensaba en ser una escritora de libros de mayor venta. Me decía a mí misma que podía escribir libros. Que las puertas se podían abrir para mí. Que me podía volver creativa. Que podía invertir en mí misma. Y eso fue lo que hice. Desde entonces, todo ha salido bien.

He escrito cinco libros y dos *ebooks*. No, no fui buena estudiante. Un año, en la escuela, reprobé todas mis clases. Recuerdo haber dicho "¡Dios mío! ¡Eso es terrible!". Jamás pensé, sino hasta hace unos años, que yo escribiría un libro.[4]

Es maravilloso lo que Dios ha hecho en la vida de Sophia. Ella está haciendo conferencias en todo el país. Es mentora de mujeres de todas las edades y trasfondos sociales a través de su equipo *Comeback Kid* (CBK). Tiene un *podcast*. Hace seminarios por la internet. Usa su dinero sabiamente.

Conozco su testimonio. Sé de dónde viene. En algún momento pensó que terminaría en la WNBA, pero no lo logró. Eso, en sí, puede ser devastador. El enemigo vino y trató de hacerla sentir como fracasada, que nunca podría volver. Pero, entonces, fue liberada, salva y empezó a creer en Dios.

Sophia es fiel en el ministerio, y después de dejar su trabajo y ser obediente en compartir su testimonio, el Señor la levantó y la exaltó a su debido tiempo. El espíritu de pobreza se apartó de su vida. Ella anda en favor, bendición y abundancia. Esta es la vida de una mujer kjáil.

La mujer kjáil y la riqueza, con Michelle McClain-Walters

Las mujeres kjáil son mujeres de riqueza. Deuteronomio 8:18 dice: "él [Dios] te da el poder para hacer las riquezas". La palabra *poder* significa "fuerza (de ángeles)" o una "capacidad" para obtener kjáil.[5] Representa el "poder (de Dios)".[6] Así que Dios dice que Él le dará la capacidad para obtener riqueza. Para las mujeres que portamos la unción kjáil, la abundancia y las riquezas que Él nos va a dar ayudarán a destruir el poder de la pobreza generalizada que ha estado en la tierra.

Cuando mira las estadísticas, los más afectados por la pobreza son las mujeres y los niños. Como mujer kjáil, creo que Dios nos va a mostrar cómo ser humanitarias. Él nos va a mostrar cómo obtener riquezas de manera efectiva. Él no quiere que malgastemos nuestro dinero. Dios va a darnos un nuevo patrón de pensamiento en lo que se relaciona al dinero.

Cuando nos enteramos de que Dios nos dará el poder para obtener riqueza, ¿cómo la obtenemos? Tenemos que aprender sobre inversiones, franquicias y más. Dios nos va a dar una capacidad. Nos va a hacer crecer. Pensaremos en grande. El diablo ha hecho que las mujeres pensemos que no tenemos poder alguno, y que no tenemos fuerza, pero el diablo es un mentiroso. Dios está apartando ese espíritu de usted, y usted va a entender que Dios le está dando el poder para obtener riqueza. Él va a darle creatividad.

Las mujeres kjáil, nosotras, tenemos la sabiduría de Dios. El espíritu de sabiduría viene con una capacidad para crear cosas. Dios le mostrará.

Estoy orando para que el espíritu de sabiduría y revelación descanse sobre usted. Hay cosas en el espíritu que están esperando existir. La creatividad es la manera en que esas cosas bajan del ámbito espiritual a la tierra. Estoy creyendo que Dios les está dando a las mujeres kjáil poder para obtener riqueza para establecer el pacto de Dios.[7]

UNA MUJER DE ADORACIÓN, ORACIÓN Y FE

Capítulo 4

UNA MUJER DE
ADORACIÓN, ORACIÓN Y FE

PAMELA HARDY HA sido una gran bendición para mi vida en el ministerio. Ella ha traído a sus equipos de danza a cada reunión *Asaph*. Lo que ella está haciendo en el ministerio en el área de Dallas y alrededor del mundo es fenomenal. El impacto que tiene sobre tantas personas me sorprende.

Pamela ha estado en el ministerio durante varios años, levantando equipos de danza, proféticos y apostólicos. Ella lo hace todo. Incluso ha escrito tres libros: *Dance: The Higher Call*, *Unlocking Your Prophetic Destiny*, y *Far Above Rubies: The Power of Christ's Virtue in You*.[1]

Cuando descubrí que ella también ha estado enseñando sobre kjáil, supe que tenía que tenerla en mi transmisión en vivo en *Facebook Live*. Cuando vino, le pedí que hablara sobre su revelación de kjáil y lo que Dios le ha dado a ella en esta área en particular, en lo que se refiere a las mujeres. Así es como transcurrió nuestra conversación:

> PH: Supe de esta revelación de kjáil hace algunos años. La raíz de la palabra *kjáil*, *chuwl*, significa dar vueltas en círculos, como en la danza.[2] Así que puede imaginarse cuán emocionada estaba cuando descubrí que la raíz es *chuwl* [se pronuncia "cul"], la cual está conectada con la danza y la adoración.

Empecé a leer y estudiar porque la adoración es el fundamento de todo lo que hago.

Remontándonos al pasado, solo por un segundo, debo decirle que fui salva cuando bailaba en Broadway. Sí, lo hice. Fui a la ciudad de Nueva York. Cuando estuve allí, *Dreamgirls* estaba en Broadway. Ellas tenían un estudio bíblico. El estudio bíblico se convirtió en iglesia, y la iglesia era pastoreada por una mujer. Ella es una mujer kjáil. A través de esa experiencia, empecé a aprender que las mujeres podemos ser fuertes. Podemos tener voz. Dios tiene un plan para las mujeres.

Entonces, de regreso al presente, cuando descubrí sobre las mujeres kjáil, el Señor realmente puso en mi corazón empezar una compañía de mujeres kjáil; una iniciativa mundial. Tengo capítulos en las Islas Vírgenes. Acabo de regresar de Bolivia y Santo Tomás. Dios se está moviendo y las mujeres dicen: "¡Sí, esa soy yo! Soy poderosa. Sé que soy una fuerza". Incluso tenemos prendas de vestir que dicen "Fuerza kjáil". Estamos levantando damas de todo el mundo y es sencillamente emocionante lo que Dios está haciendo.[3]

Yo: Tuvimos un encuentro fenomenal con usted en Orlando y Dallas con las reuniones *Asaph*. Volveremos a reunirnos en los próximos meses. Es maravilloso cómo reúne y levanta cientos de personas. Usted ha impartido. Ha entrenado. Ha levantado algunas mujeres de Dios poderosas; y esta palabra *kjáil* significa fortaleza, fuerte y guerrera.

Una de las cosas sorprendentes acerca de su ministerio de danza profética es que cada vez que empiezo a profetizar, pareciera que usted tiene una bandera con la palabra profética en ella. Tiene todas estas banderas, y siempre tiene una bandera con las palabras exactas que estoy profetizando, pues usted realmente ora antes de llegar a la conferencia y le pregunta a Dios qué banderas debe usar.

Otra cosa es que usted está realmente involucrada con la belleza: trajes hermosos y la belleza de Dios. Kjáil representa la belleza y la gloria de Dios.

Usted compartió su testimonio sobre cómo fue salva cuando fue a Broadway para ser una bailarina. Cuéntenos sobre su recorrido y sobre cómo fue su crecimiento en las cosas de Dios. Usted es una persona poco común al desenvolverse en la profecía, el apostolado y la liberación. Usted no es común. Ha aprendido mucho a lo largo de los años. Cuénteme algo de la gente que ha impactado su vida y ha influenciado su caminar en la fuerza y el poder en el que opera ahora.

PH: Después de ser salva cuando bailaba en Broadway, realmente fui y di clases en la universidad del estado de Illinois. Mientras enseñaba, Dios empezó a abrir puertas. Apóstol John, yo solía tener un ministerio en la prisión; íbamos a una prisión en la mañana, una prisión en la tarde, y otra en la noche. Me encantaba el ministerio de prisiones y me encantaba ministrar a las mujeres. Así que el Señor dijo: "Bien, es tiempo de dejar eso y concentrar tu atención en lo que te he llamado a hacer en el área de adoración".

Ahora, Dios me ha llevado de nuevo por completo al ministerio de mujeres. Pero le voy a decir lo que le digo a todos. Mis versículos favoritos son Proverbios 8:34-35. Que dice:

"Bienaventurado el hombre que me escucha, velando a mis puertas cada día, aguardando a los postes de mis puertas. Porque el que me halle, hallará la vida, y alcanzará el favor de Jehová".

Creo que eso fue lo que hice. Adoraba todos los días. Cuando fui salva, mi pastor dijo que la forma en que uno es libertado, se mantiene libre y entra a su destino, permanece libre y hace lo que Dios quiere que haga es conocerlo a Él y construyendo esa relación. Todo fue por el Espíritu Santo.

Podía estar en mi habitación adorando y mi teléfono sonaba. Recibía un correo electrónico. Podía ser una llamada de Holanda. Yo no conozco a nadie en Holanda. Podía ser una llamada para ir a Sudáfrica, Bolivia o Cuba. Todo eso solo por estar en ese lugar frente al Señor.

Dios es muy capaz de hacer todo lo que tiene propuesto para nuestra vida si nosotros tan solo permanecemos en ese lugar con Él.

La adoración como clave para andar en kjáil

A medida que Pamela y yo continuábamos nuestra conversación, yo quería profundizar en su ministerio de danza y alabanza y en cuán importante es la adoración para ser una mujer de Dios fuerte.

Yo: A usted le encanta danzar. Le encanta adorar a Dios. La he visto haciéndolo con sus equipos. La he visto en nuestras reuniones *Asaph*, donde adoramos por horas con cántico nuevo. Hay danza y celebración. Creo que hay una gracia y una unción que proviene de la vida de la persona cuando aprende a adorar.

La Biblia dice que Miriam guio a las mujeres con pandero y danza cuando salieron del mar Rojo (Éxodo 15:20). Luego, en el Salmo 48:11, dice:

"Se alegrará el monte de Sion; Se gozarán las hijas de Judá por tus juicios".

Este versículo enfatiza a las hijas, y está conectado con Sion y el reino. Cuéntenos su revelación de por qué siente que danzar es tan importante para ser una mujer de Dios. Dios le ha dado una revelación sobre la alabanza y la adoración, pero especialmente el ministerio de danza.[4]

PH: Este es el asunto: Miriam guio a todas las mujeres en la danza. Esas fueron danzas de victoria, danzas de gozo. La razón se debe a que ella era la mujer de la familia más cercana a Moisés. Era la costumbre que la mujer más cercana, familiar, saliera al encuentro y saludara al vencedor después de una batalla. Nuestro vencedor que regresa es Jesús. ¡Aleluya! Mientras más se acerca su regreso, más verá un incremento en la danza, porque como su prometida —nosotros, la Iglesia— somos las familiares más cercanas a Él y vamos a escoltarlo con danza, regocijo y voces de júbilo.

En realidad, cada cultura tiene danzas que son autóctonas de su cultura particular. En nuestra cultura es amor, gozo, paz, benignidad, gentileza y bondad. Todas esas tienen una expresión de movimiento en el reino. Cuando danzamos, el Señor dice que Él nos ha dado autoridad en nuestros pies. Cada parte de la tierra que toca la planta de nuestros pies se nos es dada. La Palabra dice que nosotros hollamos serpientes y escorpiones. Nuestros pies representan autoridad, por eso, nuestra danza es poderosa. Nuestra danza está llena de fuerza. Nuestra danza se identifica con la victoria. Incluso, a veces, hay una danza de intercesión que Dios traerá sobre usted para hacerla nacer a lo nuevo.

La danza puede tomar muchas formas diferentes. A veces, la danza es profética. A veces recibimos del cielo y lo entregamos en la tierra. A veces, solo tenemos una danza congregacional para regocijarnos en la bondad del Señor y de quien Él es. Él dice que alabemos su nombre con danza. Nos incluye a todos. Tenemos permiso para adorarlo con danza.

Yo creo que todos estamos llamados a adorar al Señor con danza, porque hay una expresión tal acerca de la danza que las palabras no siempre pueden decir. Si la gente tan solo fuera libre y entrara en ese lugar de expresión y adoración con el Señor, vería que no hay ninguna otra cosa que traiga ese tipo de poder.

Danzar para liberar las ataduras de la mujer kjáil

La danza representa libertad, y durante mucho tiempo, las mujeres no han sido libres en la iglesia. Se les ha dicho que no podían predicar, enseñar ni hacer algo que no fuera freír pollo en la cocina. Quizá podían ser ujieres. Hoy día, algunas iglesias les dicen que no pueden ministrar, que no pueden tener un llamado y que no pueden tener un mover en ciertas cosas porque son mujeres. Dios quiere libertar a las mujeres. Usted no puede ser una mujer kjáil si no es libre y no tiene libertad.

Al enemigo le encanta atar a las mujeres con la tradición, la religión, las ataduras culturales, el control, la manipulación y el dominio por parte de los hombres en la sociedad. Sin embargo, Dios está libertando a las mujeres. La Biblia dice: "Donde está el Espíritu del Señor, hay libertad" (2 Corintios 3:17), y hay libertad en la adoración y la danza.

Al cierre de nuestra entrevista, Pamela dio las siguientes palabras de despedida. Yo sé que usted será fortalecida por su enseñanza:

En el Salmo 110:3, dice [en esencia] que este es el día de su poder kjáil. Estamos viviendo en el día del poder kjáil de Dios. Mientras lee esto, ahora mismo, yo oro que la unción kjáil que Dios tiene para usted, que ya está residiendo en su interior —esa capacidad innata— aflore. Él dijo que Él llamó a aquellos que eran capaces. "Capaz" es la palabra *kjáil*. Dios puso hombres capaces en posición para ser gobernadores.

Oro que surja la unción kjáil que ya está en su interior, y que usted ya no tenga temor. Ruego a Dios que usted entre en la fuerza de esa unción kjáil y desate la riqueza, desate su potencial, desate fortaleza y desate la gloria. Es mi oración que usted vea a Dios de una manera nueva, que el favor de Él sea derramado sobre su vida. Deje que la unción kjáil venga y sea liberada sobre su vida, y permita que desate aquellas cosas en usted que necesitan ser restauradas. Deje que desate su capacidad. Que desate poder. Que libere su paz. La unción kjáil desatará la riqueza que usted necesita para su familia. Desatará sus sueños y sus visiones.

Escucho que algunas de ustedes han estado en una época de tormento nocturno, pero Dios les dará paz en su sueño. Dormirán como nunca han dormido, en el nombre de Jesús.

Escucho que en algunas de ustedes hay un temor. Han estado esperando dar el paso. Dios dice que sencillamente abrace esta unción kjáil. Abrace la fuerza de ella y entre en ella. Verá puertas abiertas para usted como nunca había visto.

Veo que la visión será abierta para algunas de ustedes, en el nombre de Jesús. Veo que sus oídos serán abiertos. Escuchará cosas que nunca había oído.

Estoy escuchando a Dios decir: "Esta es la época para pasar tiempo conmigo". Dios dice: "Ven a mi presencia. Déjame derramar en ti aquellas cosas que quiero que tengas. Toma la bendición que tengo para ti. No recibas la identidad que otras personas quieren poner sobre ti. No te apropies de ninguna identidad que tú tengas para ti". Dios dice: "Deja que ponga mi identidad en tu interior y sobre ti. Voy a enviarte tanto poder que ni siquiera tú te reconocerás". ¡Aleluya! Dios dice: "Tengo cosas para ti. Están allí dentro. Sin embargo, has tenido temor de verlas. Has estado atemorizada de reconocerlas. Has tenido temor de decir con tu boca: 'Señor, esto es lo que veo. Por esto estoy creyendo en ti'". Rompemos eso en este momento en el nombre de Jesús.

Aquellas de ustedes que han estado esperando entrar en las áreas del ministerio, este es su momento. Esta es su época. No es la época de retraerse. Esta es la época de hacer uso de la fortaleza, el poder y la fuerza de la unción kjáil, y de avanzar en el poder de su Dios. Pues Él es grande en medio de ustedes.[5]

Mi entrevista con Pamela Hardy confirmó lo que el Señor me había estado revelando sobre la mujer kjáil.

A las mujeres kjáil les encanta la presencia de Dios

A ellas les encanta dar a la casa del Señor. Les encanta dar gloria a Dios. Florecen en la casa del Señor. Las mujeres kjáil son capaces de entrar a las cortes de Dios y recibir las respuestas por medio del Rey.

Las mujeres kjáil son adoradoras

A ellas les encanta la alabanza y la adoración fuertes. Les encanta el ámbito de la gloria. En Isaías 60, kjáil se menciona dos veces. En Isaías 60 es un mandato de levantarse y resplandecer, la gloria del Señor ha nacido sobre usted.

Las mujeres kjáil son portadoras de gloria

> Se alegrará el monte de Sion; se gozarán las hijas de Judá por tus juicios.
>
> —Salmo 48:11

Las mujeres kjáil aman a Sion

Ellas tienen a Sion en su corazón. Las hijas de Judá están llenas de gozo y alegría. El gozo del Señor es la fortaleza de la mujer kjáil.

> Dijo también Dios a Abraham: A Sarai tu mujer no la llamarás Sarai, mas Sara será su nombre. Y la bendeciré, y también te daré de ella hijo; sí, la bendeciré, y vendrá a ser madre de naciones; reyes de pueblos vendrán de ella.
>
> —Génesis 17:15-16

Las mujeres kjáil tienen mucha fe

Sarai fue una mujer kjáil. Ella se convirtió en madre de naciones. A ella también se le menciona en el "corredor de la fe" (Hebreos 11), porque a través de la fe, ella recibió fortaleza para concebir. Yo admiro a las mujeres de mucha fe. Jesús también reconoció a las mujeres de mucha fe.

> Entonces respondiendo Jesús, dijo: Oh mujer, grande es tu fe; hágase contigo como quieres. Y su hija fue sanada desde aquella hora.
>
> —MATEO 15:28

Un corazón para orar, con Valora Shaw-Cole

La mujer kjáil es fuerte en la oración. Le presenté a Valora Shaw-Cole en el capítulo 1, pero quise incluir su experiencia en este capítulo sobre la oración. Ella tiene una ministerio de oración intercesora muy fuerte. Ella ora fuertemente. Creo que su vida de oración fuerte la ha llevado al nivel donde está ahora. Le pedí que compartiera conmigo cómo se desarrolló todo eso para ella y que animara a las mujeres sobre cómo ellas también pueden desarrollar su vida de oración y convertirse en una fuerte mujer kjáil de oración. Lo siguiente es lo que ella dijo:

> Siempre tuve un corazón por la oración, pero debido a que yo era muy tímida cuando era niña, no abría mi boca para orar verbalmente. Yo simplemente le escribía cartas a Dios. Le escribía contándole sobre lo que había en mi corazón. Dios es tan maravilloso. Él empezó a responder esas oraciones.
>
> Tenía tal hambre. Solía pedirle a Dios: "Por favor, enséñame a orar".
>
> Incluso en la iglesia, yo escuchaba orar a la gente, y solo quería tener una relación con Dios. Me sentaba en mi habitación—era solo una niña—y meditaba en Dios. Solo quería saber quién era Él. Tenía tal hambre por la oración.

Empecé a estudiar varios libros sobre la oración. Leí los libros de Charles Capp. Leí a Norvel Hayes. La oración se volvió algo vivo en mí. Dios empezó a enseñarme cómo orar la Palabra, orar la solución y no el problema. Incluso en mi iglesia denominacional, en la que crecí, yo escuchaba a la gente orar el problema. Decía: "Dios, por favor ayúdame. Por favor, sáname si es tu voluntad". Siempre sentí que algo no estaba bien en lo que escuchaba".

Dios empezó a abrir mis ojos para entender cómo orar efectivamente, y empecé a ver resultados. Entonces, resultó que yo quería que todos entendieran cómo orar efectivamente. Compré cientos de libros, y solo quería dárselos a la gente pues yo quería que todos llegaran al conocimiento de la verdad. Es la verdad lo que nos liberta, y el nivel de verdad que uno recibe determina el nivel de libertad en el que anda.

Entonces, con mi esposo—quien es una parte maravillosa de mi vida, porque él realmente me animó—recuerdo el primer libro que escribimos juntos: *Plug Into the Power of Prayer and Prophetic Intercession*.[6] Al principio, fue algo que queríamos hacer para nuestra iglesia local, pero el interés y el apetito en la comunidad de nuestra iglesia empezó a crecer. Empecé a capacitar, no solo en mi iglesia local, sino en otros lugares también.

Mi esposo dijo: "Valora, hay algo más en ti en lo que se refiere a la oración".

Yo dije: "Bueno, yo siento eso también, pero no estoy segura de cómo debo llamarlo. ¿Qué título debería usar?". Muchas veces, yo me he apoyado en mi esposo para que me ayude.

Él me dijo: "Solo piensa en eso. Lo descubrirás un poco más adelante".

Él trató de hacer todo lo posible para empujarme y cultivar ese siguiente nivel dentro de mí. Así que, un día, vino y me dijo: "Yo creo realmente que tiene algo que ver con ser audaz y algo que ver con ser intrépida".

Cuando recibí sus sugerencias, requirió tiempo para ayunar, orar y buscar a Dios, y Él me mostró cómo debía llamarla: *The Bold Prayer Warrior* (El audaz guerrero de oración) y *The Fearless Intercessor* (El intecesor intrépido). Esa revelación me sorprendió por completo. Investigué, pero no pude encontrarla en ninguna parte, así que supe que venía directamente de Dios. Era original. A través de ministrar en este campo, encaré realmente a ese enemigo llamado temor; pues, tal como mencioné, el temor me había paralizado por muchos años. Me había silenciado.

Unos años atrás, hice una conferencia llamada "Soy intrépida". Fue verdaderamente sorprendente. De allí, salió un diario de treinta y un días: *I am Fearless Journal.*[7] Diseñé el diario con este periodo de tiempo, porque los investigadores dicen que se requieren treinta y un días para romper un hábito y empezar algo nuevo. Yo quería que las mujeres se reunieran, incluso durante esa conferencia, y enfrentaran sus temores. Hasta hice un "Reto intrépido", donde desafiaba a las mujeres a enviar un video, de dos o tres minutos, identificando un evento o situación particular que hubiera ocurrido en su vida que las hizo pasar de temerosas a intrépidas. La respuesta fue sorprendente. Mujeres que habían sido traficadas por sexo durante más de diez años enviaron sus videos. Ellas compartían cómo, un día, decidieron que iban a levantarse y a decírselo a alguien.

Ha sido un proceso maravilloso. La oración es mi corazón. Es mi pasión que todos comprendan el poder de la oración, su posición en la oración, y lo que Dios quiere hacer en la oración. Yo quiero que sepan que se trata de más que solo decirle a Dios lo que quieren o necesitan. Quiero que sepan que Dios también quiere revelarnos su corazón a través de la oración para que entendamos nuestra identidad en Él.[8]

Lo que la vida y el ministerio de Valora revelan es que las mujeres están llamadas a guerrear espiritualmente contra los poderes del infierno. Las mujeres son guerreras de oración tremendas, intercesoras tremendas. Las mujeres kjáil son mujeres fuertes de oración, intercesión y guerra espiritual.

Las oraciones e intercesión de una mujer kjáil traen liberación y crecimiento. Ana era una mujer kjáil de oración. Ella era una profetiza que sirvió a Dios con ayuno y oración día y noche.

> Estaba también allí Ana, profetisa, hija de Fanuel, de la tribu de Aser, de edad muy avanzada, pues había vivido con su marido siete años desde su virginidad, y era viuda hacía ochenta y cuatro años; y no se apartaba del templo, sirviendo de noche y de día con ayunos y oraciones.
>
> —LUCAS 2:36-37

Las oraciones de Ana prepararon el camino para la venida del Mesías. Las mujeres kjáil sirven a Dios. En este caso, Ana servía en el templo a través de la oración y el ayuno.

Al cierre de la transmisión, Valora recitó una declaración para que las mujeres fueran desatadas y se volvieran intrépidas y audaces, especialmente en el área de la oración. Le animo a que diga en voz alta, incluso en este momento, mientras lee aquí:

Tengo voluntad fuerte. Tengo un corazón de oro. Soy hermosa por dentro y por fuera. Soy capaz de avanzar a través de las tormentas de un corazón destrozado, de un espíritu quebrantado y de un cuerpo desgastado. Salgo de la tormenta doblemente grácil e independiente. Soy verdaderamente una mujer dotada con un alma hermosa. Esta soy yo. Soy valiente. Soy audaz. Soy intrépida. Soy determinada.[9]

Capítulo 5

UNA MUJER SINGULAR Y DE CARÁCTER NOBLE

Capítulo 5

UNA MUJER SINGULAR
Y DE CARÁCTER NOBLE

La mujer kjáil es singular. ¿Quién puede hallarla? Hombres, ustedes tienen que encontrarla. Porque su precio supera al de las piedras preciosas (Proverbios 31:10). Su tipo y características no están presentes en toda mujer. Ella es como un rubí. Las mujeres como ella son escasas. Ella es valiosa. No es fácil de encontrar. A veces es un diamante en bruto. Tiene que ver más allá de lo que lo rodea y descubrir a esta mujer virtuosa kjáil. Porque ella es la que tiene fortaleza, poder, fuerza, emprendimiento, eficiencia y riqueza. Ella puede administrar un negocio. Es una mujer fuerte. No es simplemente cualquier tipo de mujer. Ella no está diseñada para ser un objeto sexual. Hay hombres que no buscan a una mujer virtuosa. Ellos quieren una mujer fácil hasta que están listos para casarse, entonces quieren una mujer virtuosa.

Cuando los hombres van a los clubes, no están buscando una mujer virtuosa. Están buscando a una mujer sin virtud. Sin embargo, luego, cuando un hombre busca a una mujer virtuosa, él va a la iglesia y dice: "Le estoy creyendo a Dios por una buena esposa". Pero, mujer de Dios, si usted es soltera, incluso mientras esto sucede, tiene que usar discernimiento. Unos hombres son salvos solo de la cintura para arriba. No son salvos de la cintura para abajo.

Una mujer kjáil es digna de un hombre que sea completamente salvo, desde la coronilla hasta la planta de sus pies. Y una mujer kjáil no cederá en esta área. Ella es lo suficientemente fuerte para decir no a algo o a alguien que no es lo mejor de Dios para ella. Ella es lo suficientemente fuerte para vivir en santidad y pureza. Ella es lo suficientemente fuerte para vencer la tentación. Ella es lo suficientemente fuerte para llevar una vida completamente salva.

Mujer de Dios, yo sé que se requiere fortaleza para ser una mujer salva hoy día porque hay más mujeres que hombres en la iglesia. Se necesita fortaleza para ser una mujer salva hoy día porque el enemigo tratará de decirle que nunca se va a casar a menos que ceda. Él tratará de tentarla diciendo: "Sal y consigue uno, cásate con él y tráelo a la iglesia y haz que se salve".

Se requiere fortaleza y poder para vivir en santidad. Se requiere fuerza para ir a casa sola y luchar contra los demonios de la soledad. Y no es que los hombres no estén interesados. Usted es atractiva, tiene su vida resuelta y los hombres ven eso en usted y tratan de acercarse. Pero usted dice: "No".

La mujer kjáil es noble, estable, amable, generosa, guarda su lengua, es buena compañía, buena amiga y demuestra bien todo el fruto del Espíritu. Ella honra y respeta a su esposo. Ella dice la verdad en amor. Enseña a sus hijos a andar en los caminos del Señor. Conduce sus intereses con fuerte intelecto, autoridad y sabiduría. ¿Quién puede encontrar una mujer así? No hay muchas como ella y son difíciles de encontrar.

La mujer kjáil es de la realeza, noble y honorable

Las mujeres kjáil son hijas del rey. Las hijas del rey son mujeres honorables.

> Hijas de reyes están entre tus ilustres; Está la reina
> a tu diestra con oro de Ofir.
> —SALMO 45:9

En la Escritura, los reyes se casaban con las hijas de otros reyes. Eso es la realeza. Eso es majestad. Estas hijas están acostumbradas a las cortes reales. Son mujeres nobles. Las mujeres kjáil viven y ministran en las cortes del Rey. Ester llegó a la corte del rey, y él le extendió su cetro de oro.

A las mujeres kjáil les encantan las cortes de Dios y están plantadas allí.

> Plantados en la casa de Jehová, en los atrios de nuestro Dios florecerán.
> —SALMO 92:13

> Dad a Jehová la honra debida a su nombre; traed ofrendas, y venid a sus atrios.
> —SALMO 96:8

> Anhela mi alma y aun ardientemente desea los atrios de Jehová; mi corazón y mi carne cantan al Dios vivo.
> —SALMO 84:2

La mujer kjáil es valiosa

La mujer kjáil es una mujer de fortaleza y honor. Ella es más valiosa que las piedras preciosas.

> Mujer virtuosa, ¿quién la hallará? Porque su estima sobrepasa largamente a la de las piedras preciosas.
> —PROVERBIOS 31:10

> Fuerza y honor son su vestidura; y se ríe de lo por venir.
> —PROVERBIOS 31:25

Conocemos a la dama Sabiduría en los capítulos de apertura del libro de Proverbios. También la encontramos en los versículos de cierre del mismo libro. Proverbios 31:10 pregunta: "Mujer hacendosa, ¿quién la hallará? Su valor supera en mucho al de las joyas" (LBLA). ¿La dama Sabiduría ha sido rebajada a sencillamente una "esposa hacendosa"? Desafortunadamente, la mayoría de las traducciones del hebreo al español oscurecen las implicaciones del texto original. La palabra traducida como "hacendosa" es la palabra hebrea *kjáil*, la cual, como hemos visto, significa poder, fuerza, valentía; aparece 242 veces en el Antiguo Testamento, generalmente se usa para describir soldados o ejércitos. En 2 Samuel 23, aprendemos que los "hombres fuertes" de David eran kjáil por su valentía y fortaleza. Aquí en Proverbios 31:10 debería leerse: "¿Quién puede hallar una mujer valiente? Su valor supera en mucho al de las joyas".[1]

Abre su boca con sabiduría, y la ley de clemencia está en su lengua.

—PROVERBIOS 31:26

La mujer kjáil: Una identidad distinta, con Michelle McClain-Walters

Empecé con el ministerio del apóstol John cuando tenía veinticuatro años. He estado allí por veintiocho años. Ha sido un proceso. ¿Cómo se ve en mí la gracia kjáil? Se ve diferente.

Una de las cosas que Dios nos da a todos es una identidad distinta, y eso incluye una gracia para la acción. Él está diciendo que la mujer kjáil no es inactiva ni temerosa, sino que es una mujer de valentía y audacia. Ella es una mujer que avanza con poder y gloria.

Lo que Dios ha hecho en mi vida como profeta es que muchas veces me ha llamado a ser una precursora. Creo que ha habido ocasiones cuando Dios ha colocado mi vida —las cosas por las que he atravesado— como la de una precursora.

Estaba muy emocionada cuando me enteré de que el apóstol John había escrito este libro. Hay un llamado tal en su vida que cuando hace algo como esto, es como el sonido del clarín para quienes tienen oído en el cuerpo de Cristo. Así que, a medida que lee este libro, algo debe estarse activando en su interior.

La Biblia nos dice en el Salmo 68:11:

"El Señor daba palabra...".

Él dio el mandato. Este libro es como un mandato donde Dios dice: "La trompeta está sonando. Es el tiempo previsto, mujeres. No quiero que pierdan su momento. No quiero que pierdan su época de visitación".

Este es el momento previsto en que Dios favorece a Sion. El tiempo previsto significa el tiempo oportuno. Mujeres y hombres, este es un tiempo cuando Dios nos está levantando a un ministerio en equipo. Creo que estamos preparándonos para entrar en una época donde los hombres no van a tener temor de verter en las mujeres fuertes y las mujeres fuertes no tendrán temor de recibir de los hombres fuertes.

Muchas de las cosas que el Señor ha hecho en mi vida —les digo, cincuenta y cuatro naciones después— son porque me he sujetado a un hombre kjáil. El apóstol John Eckhardt ha vertido en mi vida. Incluso, hubo momentos cuando él me daba un espacio en la plataforma. Estos son los días cuando Dios está trayendo unidad entre hombres y mujeres. Vamos a celebrar nuestras diferencias. Este movimiento kjáil con mujeres no será como un movimiento feminista que dice: "Hombre, no te necesito. Puedo hacer todo lo que tú puedes hacer".

El diablo es un mentiroso. No somos como cualquier mujer, y no todo lo tenemos resuelto. Lo que Dios va a mostrar es que ciertamente usted es una mujer. Sí, puede avanzar junto con los hombres y mantenerse en su feminidad. Dios está llamando a las mujeres kjáil a abrazar su feminidad.

En el Espíritu, veo una compañía de mujeres uniéndose. Dios dice: "El poder de las mujeres es grande". Él nos va a dar poder. Vi un ejército de mujeres marchando juntas en unidad, pero éramos diferentes unas de otras. Éramos femeninas; no éramos como los hombres, aunque los honrábamos.

Las mujeres kjáil entienden que uno puede vencer a mil y dos pueden hacer que diez mil huyan. Los hombres y las mujeres podemos hacer más juntos que separados. Creo que Dios le está poniendo fin al espíritu de discriminación de género. Como mujeres kjáil, entendemos quiénes somos. Ya no seremos cautivas de las tradiciones. Somos diferentes, y esa es nuestra fortaleza.[2]

UNA MUJER DE PODER E INFLUENCIA

Capítulo 6

UNA MUJER DE
PODER E INFLUENCIA

LA MUJER KJÁIL es una mujer de poder, influencia, riqueza, fortaleza, capacidad, sabiduría, virtud, fe, oración, profecía y fuerza. Ella sabe cómo orar. Sabe cómo profetizar. Sabe cómo decretar. Sabe cómo atar al diablo. Sabe cómo echar fuera demonios. Sabe cómo adorar. Sabe cómo alabar a Dios. Sabe cómo estudiar la Palabra. Sabe que tiene autoridad e influencia en su hogar y en los negocios. Habla con sabiduría, y quienes escuchan su consejo son bendecidos.

Dios nunca creó a las mujeres para que fueran débiles. Ellas fueron creadas con el hombre para ejercer dominio. Las mujeres nunca fueron creadas para estar bajo los pies de los hombres, sino a su lado. Las mujeres gobiernan juntamente con los hombres.

Jesús vino para libertar a las mujeres de las tradiciones de la cultura y llevarlas a su lugar por derecho de poder y fortaleza. Esta palabra *kjáil* está llena de poder y revelación. Las mujeres kjáil se están levantando en la iglesia y en la sociedad. Que las mujeres kjáil se levanten y anden en el poder y la fuerza de Dios.

En este capítulo, catalogo y doy ejemplos de mujeres de la Biblia que exhibieron las características kjáil de poder, autoridad e influencia en varias esferas de la cultura y la sociedad. Además, voy a presentarle a otra de mis hijas espirituales que anda en poder e influencia, pero que no empezó allí hasta que comenzó a andar en su unción.

Rebeca, una mujer kjáil de poder, autoridad e influencia

A Rebeca se le llamó madre de miles de millones. En otras palabras, ella sería una madre de incontables multitudes. Esto es kjáil. Esto es poder e influencia.

> Y bendijeron a Rebeca, y le dijeron: Hermana nuestra, sé madre de millares de millares, y posean tus descendientes la puerta de sus enemigos.
>
> —GÉNESIS 24:60

La semilla de Rebeca (Jesús) poseería las puertas de sus enemigos. Esto es dominio. Esto es poder y autoridad. Esto es a lo que las mujeres kjáil darán vida y harán crecer. La bendición de Rebeca evidencia estas características de las mujeres kjáil.

Débora, una madre kjáil tanto natural como espiritualmente

Débora fue una madre en Israel.

> Las aldeas quedaron abandonadas en Israel, habían decaído, hasta que yo Débora me levanté, me levanté como madre en Israel.
>
> —JUECES 5:7

Las madres dan vida, nutren, cuidan y protegen. Débora operaba en estas fortalezas para toda una nación.

Michelle McClain-Walters escribió un libro llamado *La unción de Débora*,[1] y cuando ella habló sobre este tema durante el "Desafío de la mujer kjáil", dijo esto:

No fue la gracia profética de Débora lo que hizo que ella surgiera, aunque sí le ayudó. No fue su capacidad como juez, y tampoco fue la guerrera dentro de ella. Fue la madre en Débora la que hizo que surgiera en favor de su nación.

Dios está levantando mujeres kjáil fuertes, que entienden que son madres y que han sido llamadas a dar vida. Las mujeres kjáil son dadoras de vida. Dios está liberando madres apostólicas fuertes, porque se requiere madres y padres para criar hijos e hijas.

El Señor me mostró esto: Él dijo: "Michelle, la tragedia más grande en la tierra no es el aborto. La tragedia más grande es que el diablo está sacando de las mujeres el corazón de madre". Así que, como mujeres kjáil, debemos levantarnos y ser las madres naturales y espirituales que Dios nos ha llamado a ser.

Necesitamos discipular a la nueva generación de mujeres. Necesitamos enseñarles a amar su identidad. Podemos enseñarles: "No, tú no quieres abortar a tu hijo. Tú quieres criar a tu hijo". Necesitamos acogerlas y mostrarles cómo aceptar su feminidad. Necesitamos decirles que ellas no tienen que ser como un hombre, o actuar como un hombre para ser establecidas y favorecidas. Ser plenamente quien Dios la diseñó es suficiente.

Estos son los días [cuando] como mujeres kjáil entendemos el poder del discipulado. Entendemos el poder de reproducirnos como mujeres kjáil.

Así que escuche el llamado de alerta de este clarín. Usted está leyendo este libro, y se pregunta ¿qué hago con esta unción? Discipule. Discipule a las jóvenes que se sientan a la par suya.

Cuando empieza a reproducir mujeres kjáil como usted, el reino de Dios está avanzando. No tema instilar su vida en la nueva generación. No podemos ser egoístas. Tenemos que dejar que el corazón de madre surja en nosotras. He logrado más cosas en el ámbito del Espíritu como madre y como hija. Tiene que entender quién es usted y qué hace, no desprecie lo que Dios ha puesto en su interior. Estos son los días cuando Dios nos está levantando para aconsejar y capacitar.

Débora pudo aconsejar cuando se sentaba bajo el árbol de enebro. Ella estaba en un lugar donde era alcanzable.

Como mujeres kjáil, tenemos la capacidad de reproducir e instilar nuestra vida en la nueva generación, así como en nuestros propios hijos.[2]

Miriam, una mujer kjáil, una mujer apostólica

Las mujeres kjáil pueden ser enviadas. Miriam era una profetiza, pero también era apostólica. Ella fue enviada con Moisés y Aarón para libertar a Israel.

Y María la profetisa, hermana de Aarón, tomó un pandero en su mano, y todas las mujeres salieron en pos de ella con panderos y danzas.
—ÉXODO 15:20

Porque yo te hice subir de la tierra de Egipto, y de
la casa de servidumbre te redimí; y envié delante de
ti a Moisés, a Aarón y a María.

—MIQUEAS 6:4

Dios sí llama y envía a las mujeres. Moisés, Aarón y Miriam
representan un equipo apostólico. Las mujeres kjáil son mujeres enviadas.

La mujer de Sunem, una mujer kjáil de grandeza

Eliseo conoció a una mujer noble, prominente, influyente y
rica. Las mujeres kjáil son mujeres de riqueza. Son mujeres
prósperas.

Aconteció también que un día pasaba Eliseo por
Sunem; y había allí una mujer importante, que le
invitaba insistentemente a que comiese; y cuando
él pasaba por allí, venía a la casa de ella a comer.

—2 REYES 4:8

Esta mujer de Sunem era una mujer kjáil que bendijo y apoyó
el ministerio de Eliseo. Las mujeres kjáil son de gran bendición para el ministerio. Toda iglesia necesita mujeres kjáil que
apoyen al ministerio en oración y finanzas. Las mujeres kjáil
tienen el poder para obtener riqueza (Deuteronomio 8:18), y
su riqueza apoya ministerios, rompe el espíritu de pobreza y
engrandece el reino.

Ester, una mujer kjáil de favor

Ester es un ejemplo de la mujer kjáil de favor. Ella pasó del
anonimato a convertirse en reina.

Y cuando vio a la reina Ester que estaba en el patio, ella obtuvo gracia ante sus ojos; y el rey extendió a Ester el cetro de oro que tenía en la mano. Entonces vino Ester y tocó la punta del cetro.

—Ester 5:2

El favor y la influencia de Ester liberó a la nación del plan de Amán. Ester también representa intercesión.

Las mujeres kjáil usan la riqueza y la influencia para romper barreras

Según *The Economist*: "para 2020 se espera que las mujeres tengan US$72 billones, el 32 por ciento del total. Y la mayoría de la riqueza privada que cambia de manos en las próximas décadas seguramente irá a manos de las mujeres".[3]

A medida que las barreras se rompen, las mujeres se están volviendo más ricas y alcanzan nuevos niveles. Las mujeres ahora están manejando más riqueza que en ningún otro momento de la historia. Esto las lleva a niveles más grandes de influencia y poder. Siendo kjáil, su sabiduría también trae riqueza y honor a su vida. La riqueza, el poder, la influencia y la sabiduría de las mujeres kjáil están rompiendo ciclos de pobreza que han afligido a muchas familias durante generaciones.

Luchar contra el espíritu de temor e intimidación, con Yolanda Stith

Durante mi "Desafío de la mujer kjáil" en *Facebook Live*, en junio 2018, entrevisté a una de las hijas espirituales del após-tol Matthew Stevenson, la apóstol Yolanda Stith. El apóstol Stevenson es uno de mis hijos espirituales, quien está hacien-do una obra maravillosa desde su base, *All Nations Worship Assembly* en Chicago, y sus otros siete templos, localizados en diferentes partes de Estados Unidos y Canadá. Él crio a Yolanda, y ella está dirigiendo ahora el All Nations Worship Assembly en Baltimore, MD. Es una gran predicadora. Su fortaleza está en la oración y la intercesión. Ella es apostólica, profética y se mueve en los dones de Dios. La invité a nuestro programa para que compartiera su recorrido porque la gente podría verla predicando, orando y profetizando sin entender de dónde viene. Cada uno tiene un recorrido. Realmente, nadie empieza siendo fuerte y poderoso. Tenemos que ejercitarnos en ello.

Inicialmente, Yolanda luchaba con un temor paralizante. Ella no está sola. He descubierto que muchas mujeres de Dios, poderosas, fuertes y de influencia han tenido que vencer al espíritu de temor e intimidación incluso cuando hayan aceptado el llamado de Dios en su vida. Creo que su testimonio inspirará a muchas mujeres que necesitan triunfar sobre el temor y las ataduras que les impuso la sociedad y los patrones de pensamiento del dominio de los hombres. Ella dice:

Fui salva hace veintidós años, cuando un amigo me invitó a una iglesia muy pequeña. Una profeta ministraba allí. Me senté en la última fila de atrás porque yo era escéptica. La mujer empezó a predicar, ella predicó con tal poder y empezó a clamar en el nombre de Jesús. De repente, un grito salió de mí, eran demonios; sin embargo, al mismo tiempo, fui llena con el Espíritu Santo. Mi recorrido empieza allí.

Desde ese punto, yo estaba prendida, dando testimonio y evangelizando, pero aún asistía a una iglesia bautista. Finalmente, encontré un lugar que era profético, y empecé con esta mujer que me enseñó las cosas del Espíritu y sobre la oración.

Mi ministerio de oración empezó solo conmigo y Jesús. Yo tenía las llaves de la iglesia, así que iba allí unos días a la semana, a las cinco en punto. Oraba por horas sin recibir reconocimiento de mi pastor. No había nadie más allí. Oraba porque me encanta la presencia de Dios, y empecé a entender lo que podía hacer el poder de la oración. Así que, durante años, yo oré simplemente porque me encanta orar. Andaba con Dios porque estoy enamorada de Jesús.

De niña fui muy atormentada. Los demonios me atormentaban. Estaba atada por el temor y no creía que Dios podría hacer algo con mi vida. Luego, repentinamente, Dios me salvó, me rescató y me libertó.

Cuando empecé a servir a Dios, supe que sin Él yo no sería nada. El reino de las tinieblas tenía un propósito para mi vida: matarme y destruirme. Tuve dos ataques de nervios; uno a los quince y otro a los diecinueve años, porque mi vida era sencillamente muy traumática. Sin embargo, Dios guardó mi mente, me dio un propósito para vivir y estoy en este caminar hasta el día de hoy.[4]

Yo creo, basándome en el Salmo 68:11, que Dios está levantando un grupo fuerte de mujeres que predican y declaran. Le pedí a Yolanda que compartiera más sobre cómo llegó a ser la predicadora fuerte que es. Lo siguiente es lo que dijo:

Tomé una clase de predicación. Luego acepté mi primera oportunidad para predicar. Prediqué un mensaje llamado *No puedes huir de Dios*. Era, en realidad, mi propia historia. Tuve un pastor que estaba muy comprometido en asegurarse de que yo cumpliera el plan de Dios desde el principio. Empecé a desarrollar este mensaje, pero el temor me sobrecogió

de tal manera que cuando me puse de pie, mis rodi-
llas empezaron a doblarse. Literalmente, perdí toda
fuerza en mi cuerpo. Pararme y predicar mi primer
sermón requirió de todas mis fuerzas.

Para mí, las cosas no fueron más fáciles. Fue más
duro porque me atormentaban los pensamientos
de "¿Qué va a pasar si te equivocas?", "¿Qué hay
de esto y de aquello?". Así que, de mi parte, como
mujer, siempre encontraba la razón por la que no
estaba calificada o la razón por la que la gente no
quería escucharme. Tuve que vencer el temor para
hacer lo que hago ahora.

Yo repetía versículos y los declaraba sobre mi
vida. Decía: "Dios no me ha dado espíritu de temor,
sino de poder, amor y domino propio". Decía estos
versículos cuando me dirigía hacia el púlpito para
predicar.

Siento que el temor es un espíritu guardián. Es el
guardián del destino. Se para a la puerta del destino.
Así que cuando el temor está presente, siento que
hay algo al otro lado. Para mí, ese ha sido mi testimonio. Cuando he estado extremadamente asustada
por algo, he visto que, al otro lado del temor, hay
algo que Dios quiere hacerme llegar. Así que, subo,
y cuando estoy en ese púlpito y empiezo a predicar,
el poder de Dios llena el salón. La gente se salva, es
rescatada y los demonios se manifiestan; todo muy
al principio de mi ministerio. Yo tenía una confianza total en el Espíritu Santo porque sabía que sin Él
yo caería de cara. Me derrumbaría.

Así que, incluso hoy día, yo trato de poner mi
confianza total en Él cuando me acerco a cualquier
tarea, porque sé que en cualquier momento, si alguna vez le doy cabida a ese espíritu otra vez me va a

atrapar. Sin embargo, Dios me ha llevado a través de muchas liberaciones.

No sé cuánta gente sepa esto, pero mi mamá tiene daño cerebral. Ella ha estado así desde que yo tenía dos años. Creo que mucho de ese temor provino de un corazón huérfano. Dios me enseñó quién Él es como mi Padre, y eso me ayudó a andar como la mujer de Dios que soy ahora.[5]

Trayectoria para llegar a ser una apóstol

Desde el principio me etiquetaron como profeta. En mi interior, yo luchaba con eso, pero ya que yo era muy profética y eso es lo que mis líderes anteriores me dijeron, lo acepté.

No fue sino hasta que conocí al Dr. Matthew Stevenson que todo eso cambió. Él me ayudó a ponerle palabras a mi llamado, y eso me hizo mucho más sentido. Con tal gracia y audacia, entré en mi destino, aunque no lo abracé al principio. Cuando el apóstol Stevenson me envió un mensaje diciendo: "Quiero ordenarte como apóstol; sé que es tu llamado", estuve de acuerdo con él, pero tenía temor de lo que la gente pensaría sobre que yo fuera una mujer apóstol. Sin embargo, al tener al apóstol Stevenson en mi vida, y por medio de la preparación de Dios, pude aceptarlo. Yo sabía que era una falta de respeto para el Espíritu Santo negar y rechazar lo que Él me había llamado a ser. Para evitarme estar en falta con Dios, abracé mi llamado y lo he llevado a cabo con mucho gusto.

Yo sé que puedo equipar. Me encanta ver al cuerpo de Cristo equipado. Caminando en lo apostólico, acepto el hecho de que soy alguien que equipa. Me encanta edificar a la gente. Me encanta edificar el cuerpo de Cristo. Me encanta ver al reino de Dios manifestarse aquí sobre la tierra ahora. [6]

Mujer kjáil, ¡es tiempo de ser libertada!

Creo que es tiempo de que la mujer kjáil será rescatada, libertada y enviada a su llamado. Creo que este es un tiempo donde hay empuje, una apertura para las mujeres. Dios está haciendo que las mujeres se levanten en toda la tierra y que tomen el lugar que les corresponde. Hemos sido oprimidas, hemos sido limitadas y hemos estado atadas, y no solo a los espíritus sino también a los hombres que no quieren vernos avanzar. Pero estoy agradecida por los hombres que crean espacios para las mujeres.

Quiero animar a toda mujer y decir que es tiempo para que usted sea rescatada y libertada del temor. Es tiempo para que usted tenga la libertad de andar en su llamado o lo que Dios la haya diseñado para hacer. Es tiempo para que se levante y tome su lugar.

¿No sabe que cuando usted está en su lugar, el reino de Dios se manifestará más rápido, vendrá a la tierra y Dios podrá hacer lo que Él quiera hacer? Usted es ese conducto de poder. Usted es esa mujer que Dios quiere que avance. Es tiempo para que sea agresiva, violenta y audaz respecto al lugar que Dios ha preparado para usted.

Dios está haciendo algo con las mujeres hoy día, igual a lo que hizo con Ana cuando Él trajo a Jesús a la tierra a través de las oraciones de ella. Hay unciones como las de Ana, Débora y otras mujeres de la Biblia. Es tiempo de que usted surja en esas unciones y tome el lugar que le corresponde.

Dios quiere hacer con las mujeres lo que no se nos ha permitido hacer durante siglos. Es tiempo de que usted profetice. Es el momento de que usted eche fuera demonios. Es el momento para que usted gane la victoria. Ha estado atada al temor por mucho tiempo.

He ministrado a tantas mujeres que dicen que han estado atadas al temor y que les da miedo dar el paso y predicar. Ellas tienen temor de orar. Me han preguntado cosas como: "¿Y si fracaso?". Y yo les pregunto: "¿Y si no fracasa?".

Mujer de Dios, es tiempo para que usted venza al temor al fracaso y dé el paso.[7]

Capítulo 7

ORACIONES Y DECLARACIONES PARA LA MUJER KJÁIL

Capítulo 7

ORACIONES Y DECLARACIONES
PARA LA MUJER KJÁIL

MUJER DE DIOS, yo sé que se requiere fortaleza para ser santa y para no transigir. Se que se requiere fortaleza para mantenerse concentrada en el llamado de Dios sobre su vida a pesar de las distracciones de este mundo. Sé que no ser del montón no es fácil, que sobresalir, ser apartada y única puede significar que la mayor parte del tiempo va a estar sola, solo usted y Dios. ¿Quién puede encontrar una mujer como usted? ¿Quién puede mantener el ritmo de su fuerza y poder? ¿Quién puede mantener el paso de su eficiencia? ¿Quién puede estar al tanto de la gloria de Dios que resplandece a través de cada área de su vida? Usted es única y altamente valorada por Dios.

Es mi oración que el mensaje en este libro la haya animado, que haya aceptado su identidad en Dios y que sea audaz para vivir su virtud, fortaleza, riqueza, eficiencia y capacidad. No se esconda. No se haga a sí misma menor a cualquier hombre, mujer o niño. Sea todo aquello para lo que Dios la creó. Oro en este momento para que esta unción kjáil sea activada en su vida y que encuentre fortaleza en las oraciones y declaraciones que incluyo en este capítulo.

Oraciones para activar la unción kjáil

Señor, permite que el kjáil de Dios esté en mi vida: virtud, poder, fortaleza, capacidad, emprendimiento, eficiencia y fuerza. Permite que todo sea liberado en mi vida.

Gracias, Señor, por tu kjáil: tu fuerza, tu poder y tu fortaleza en mi vida. Yo andaré en él todos los días de mi vida.

Creo en el espíritu de fuerza. Recibo el espíritu de fuerza y el espíritu de poder en mi vida. No seré débil. Seré fuerte. Tendré la fuerza de Dios en mi vida, en el nombre de Jesús.

Gracias, Señor, por el espíritu de poder que está fuertemente sobre mí.

Soy una mujer virtuosa. Soy una mujer kjáil. Soy emprendedora. Soy eficiente. Soy fuerte. Tengo fortaleza. Tengo sabiduría. Tengo poder. Tengo capacidad. No soy una mujer débil. Soy una mujer kjáil.

No voy a retroceder. No me esconderé. Dejaré ver mi virtud, poder y fortaleza.

Dios, tú me creaste para ser una mujer kjáil. Hoy, doy un paso de fe, y entro en esta unción kjáil, en esta dimensión kjáil, en este poder kjáil, en esta fortaleza kjáil, en el nombre de Jesús.

Permíteme ser excelente en los negocios. Déjame ser eficiente.

Yo decreto que la abundancia y las riquezas estarán en mi vida a causa de kjáil y a causa de la virtud.

Gracias, Señor. Yo libero mi fe hoy para activar esta unción kjáil en mi vida. Lo decreto hoy, en el nombre de Jesús.

Declaro que esta palabra cambiará mi vida y mi perspectiva. No seré esa misma persona que solía ser.

Declaro que mis estándares están cambiando, mi destino está cambiando y mi confesión y visión están cambiando. Estoy creyéndole a Dios por el cambio. Mi mente está siendo renovada.

Incluso si soy exitosa y tengo el favor de Dios, aún hay más. Hay un nivel más alto. Yo me acerco al nivel más alto. Voy por el galardón de mi máximo llamado de Dios en Cristo Jesús.

Acepto el llamado de Dios para mí. No pediré perdón por la forma en que Dios me diseñó. Me presentaré audaz y valientemente. Alejo y cancelo las mentiras del enemigo y declaro: "Diablo, eres un mentiroso".

No *me detendrán.* No *me inmovilizarán.* No *me doblegarán. No le permitiré a nadie que me use de alfombra.*

No me quedaré en el fondo. No seré la última. Seré cabeza y no cola. Estaré arriba y no detrás.

Soy bendecida en mi entrada y bendecida en mi salida. Le prestaré a muchas naciones y no pediré prestado. Seré bendecida en la ciudad y bendecida en los campos. Seré próspera.

Una oración para liberar
el poder de kjáil en su vida

Señor, te pido que la gracia kjáil descienda sobre mi vida. Señor, te pido que me levante en riqueza, en lo profético, en adoración, en oración y en fortaleza. Señor, te pido que me levante en visión, que sea una mujer de Dios poderosa, una hija del Rey poderosa. Te ruego que yo pueda operar en poder, sabiduría fortaleza, capacidad y riqueza.

Padre, te doy gracias porque tú me desafías a ser fuerte en ti y el poder de tu fuerza. Que yo sea fortalecida con poder internamente. Que los espíritus de consejo y fuerza estén sobre mí, en el nombre de Jesús.

Rompo con las tradiciones culturales y religiosas que me han detenido. Ruego por una liberación de tu unción y gracia, que yo pueda surgir para ser la mujer que me has ordenado que sea. Soy una hija del Rey.

Gracias, Padre, por hacer cosas nuevas en mi vida. Permite que haya milagros y brechas nuevas en cada esfera donde yo tenga influencia. Permite que mi vida sea cambiada mientras contemplo tu gloria. Que la revelación sea completa. Que la experiencia y el entendimiento vengan mientras recibo una revelación de mi identidad como la mujer kjáil: una mujer poderosa, una mujer de valor y fortaleza, una mujer valiente, una mujer de riqueza. Permite que mi fe pase a un nivel nuevo, Señor, para quien tú me has llamado a ser. Aparta la limitación de mi vida. Oro y te bendigo. En el nombre de Jesús. Amén.

Mi oración para la mujer kjáil

Oro por usted, mujer de Dios, para que la unción kjáil esté en su vida. Esa virtud, fortaleza, poder, fuerza, abundancia, riquezas, emprendimiento, eficiencia y sabiduría; que todas esas cosas se muevan en su interior. Ruego que usted se aparte de la mediocridad y no use el ser mujer como una excusa para no avanzar en la vida. Oro para que usted vea a lo que Dios la ha llamado y quién la ha llamado a ser, en el nombre de Jesús.

> *Gracias, Señor, por permitir que la fortaleza venga sobre esta mujer kjáil. Te agradezco, Señor, por las mujeres kjáil que la precedieron, por todas las madres que han sido virtuosas, emprendedoras, fuertes, eficientes y capaces. Gracias, Señor, por cada abuela que ha ejemplificado kjáil en nuestra vida. Gracias por la mujer kjáil que está leyendo este libro ahora. La honro y pongo honor y respeto sobre ella y toda mujer kjáil alcanzada por este mensaje. Te ruego que un incremento del espíritu de fuerza, fortaleza, poder y capacidad venga sobre su vida.*

Mujer de Dios, si usted se ha sentido alguna vez como una alfombra pisoteada por la gente, yo aparto eso de usted. Usted ha sido controlada. Ha sido abusada. Ha sido manipulada. Los hombres o la sociedad se han aprovechado de usted. Pareciera que no puede apartarse de eso. Yo destruyo el poder de todo espíritu de esterilla en el nombre de Jesús. Si usted pasó por un mal matrimonio, donde se sintió pisoteada, yo rompo el poder de ese espíritu de su vida. Si un novio le pasó por encima como si usted fuera una alfombra, en el nombre de Jesús, aparto ese poder demoníaco de su vida. Ser pisoteada, humillada o maltratada no es para la mujer virtuosa. Yo ruego que usted sea fortalecida, que la gracia, la bendición y la shalom de Dios sean liberados sobre su vida.

Pronuncio poder y fortaleza sobre usted en este momento, en el nombre de Jesús.

> *Gracias, Señor, por hacer algo nuevo y fresco en la vida de esta mujer kjáil. Permite que esta época en su vida sea bendecida. Te ruego protección divina a su alrededor. Que la sangre de Jesús la cubra. Que el ángel del Señor la rodee. No permitas que ninguna destrucción o accidente prematuro se acerque a su morada.*

Yo decreto esto sobre usted hoy, mujer de Dios. Hablo shalom, favor, paz y prosperidad sobre su vida. En el nombre de Jesús, amén.

NOTAS

Introducción: Kjáil – un término perdido en la traducción

1. BlueLetterBible.org, s.v. "chayil", https://www.blueletterbible.org/lang/lexicon/lexicon.cfm?Strongs=H2428&t=KJV.
2. Merriam-Webster.com, s.v. "virtuous," https://www.merriam-webster.com/dictionary/virtuous.
3. BlueLetterBible.org, s.v. "shalom", https://www.blueletterbible.org/lang/lexicon/lexicon.cfm?Strongs=H7965&t=KJV.
4. BlueLetterBible.org, s.v. "chayil".
5. Pat Francis, *"The Chayil Woman"*, WomenofImpact Ministries.com, http://www.womenofimpactministries.com/articles/the-chayil-woman-dr-pat-francis.
6. Katharine Bushnell, God's Word to Women (n.p.: CreateSpace, 2012).
7. "What Are the Virtues", VirtuesProject.com, https://virtuesproject.com/virtues.html.
8. Merriam-Webster.com, s.v. "virtus", https://www.merriam-webster.com/dictionary/virtue.

Capítulo 1: Una mujer de importancia y fuerza

1. BlueLetterBible.org, s.v. "Saray", https://www.blueletterbible.org/lang/lexicon/lexicon.cfm?Strongs=H8297&t=KJV.
2. BlueLetterBible.org, s.v. "sar", https://www.blueletterbible.org/lang/lexicon/lexicon.cfm?strongs=H8269&t=KJV.
3. Rachel Held Evans, "'Eshet Chayil', Woman of Valor! (Or, How I Learned the Hebrew Equivalent of 'Carry On, Warrior')," Momastery.com, 8 de abril, 2013, https://momastery.com/blog/2013/04/08/eshet-chayil-woman-of-valor-or-how-i-learned-the-hebrew-equivalent-of-carry-on-warrior/.

4. Evans, "'Eshet Chayil', *Woman of Valor!* (Or, How I Learned the Hebrew Equivalent of 'Carry On, Warrior')."

5. Carol McCleod, *"Women of God: 'You Were Created to Be Chayil'"*, MinistryTodayMag.com, 4 de septiembre, 2015, https://ministrytodaymag.com/life/women/22153 -women-of-god-you-were-created-to-be-chayil.

6. Kathi Woodall, "A Chayil Woman", TheChristianPulse .com, 26 de octubre, 2012, http://thechristianpulse.com /2012/10/26/a-chayil-woman/.

7. Yael Ziegler, "Ruth: The Woman of Valor", ETZion.org, https://etzion.org.il/en/ruth-woman-valor.

8. Michelle McClain-Walters, *La unción de Rut* (Miami, FL: Casa Creación, 2018).

9. Apostle John Eckhardt, "#chayilwomanchallenge: Michelle McClain," Facebook Video, https://www .facebook.com/apostlejohneckhardt/videos /10156127026306519/.

10. Stella Payton, "Who Is the Chayil Woman?" StellaPayton.com, https://stellapayton.com/chayil-woman/.

11. Apostle John Eckhardt, "Chayil Woman Challenge, receive the book (electronic) for any donation at PayPal.me/apbooks," Facebook Videos, https://www.facebook .com/apostlejohneckhardt/videos/10156107748891519/.

12. Sophia Ruffin, Set Free and Delivered (Lake Mary, FL: Charisma House, 2018).

13. Eckhardt, "Chayil Woman Challenge, receive the book (electronic) for any donation at PayPal.me/apbooks."

14. Apostle John Eckhardt, "Chayil Woman Challenge with Valora Cole", Facebook Videos, https://www.facebook .com/apostlejohneckhardt/videos/10156108992236519/.

Capítulo 2: Una mujer de sabiduría y discernimiento

1. Apostle John Eckhardt, "Chayil Woman Challenge with Kendria Moore," Facebook Videos, https://www.facebook .com/apostlejohneckhardt/videos/10156116679796519/.

2. Eckhardt, "Chayil Woman Challenge with Kendria Moore".

3. Eckhardt, "Chayil Woman Challenge with Kendria Moore".

Capítulo 3: Una mujer de sustancia y riqueza

1. BlueLetterBible.org, s.v. "chayil".
2. Strong's Exhaustive Concordance, s.v. "chayil", BibleStudyTools.com, https://www.biblestudytools.com /lexicons/hebrew/kjv/chayil.html.
3. English Oxford Living Dictionaries, s.v. "efficient", https:// en.oxforddictionaries.com/definition/efficient.
4. Eckhardt, "*Chayil Woman Challenge*, reciba el libro (electrónico) al hacer una donación en PayPal.me /apbooks."
5. BlueLetterBible.org, s.v. "koach", https://www.blue letterbible.org/lang/lexicon/lexicon.cfm?Strongs =H3581&t=KJV.
6. lueLetterBible.org, s.v. "koach".
7. Eckhardt, "#chayilwomanchallenge: Michelle McClain".

Capítulo 4: Una mujer de adoración, oración y fe

1. Pamela Hardy, *Dance: The Higher Call* (n.p.: Reignaissance Publications, 2015); *Unlocking Your Prophetic Destiny* (n.p.: Reignaissance Publications, 2017); *Far Above Rubies: The Power of Christ's Virtue in You* (Plano, TX: Eagles Global Books, 2018).
2. BlueLetterBible.org, s.v. "chuwl", https://www.blueletter bible.org/lang/lexicon/lexicon.cfm?strongs=H2342&t=KJV.
3. Apóstol John Eckhardt, "*Chayil Woman Challenge with Dr. Pamela Hardy*", Facebook Videos, https://www.facebook .com/apostlejohneckhardt/videos/10156110218501519/.
4. Eckhardt, "*Chayil Woman Challenge with Dr. Pamela Hardy*".
5. Eckhardt, "*Chayil Woman Challenge with Dr. Pamela Hardy*".
6. LeJun M. Cole y Valora Shaw-Cole, *Plug Into the Power of Prayer and Prophetic Intercession* (n.p.: CreateSpace, 2014).
7. Valora Shaw-Cole, *I Am Fearless Journal* (n.p.: CreateSpace, 2016).
8. Eckhardt, "*Chayil Woman Challenge with Valora Cole*".
9. Eckhardt, "Chayil Woman Challenge with Valora Cole." Esta declaración fue adaptada de *Urban Dictionary*, s.v. "fearless", 17 de junio, 2009, https://www.urbandictionary .com/define.php?term=Fearless.

Capítulo 5: Una mujer singular y de carácter noble

1. Proyecto TOW, *"Lady Wisdom in Street Clothes"*, Theologyofwork.com, https://www.theologyofwork.org /key-topics/women-and-work-in-the-old-testament/lady -wisdom-in-street-clothes-proverbs-31.
2. Eckhardt, "#chayilwomanchallenge: Michelle McClain".

Capítulo 6: Una mujer de poder e influencia

1. Michelle McClain-Walters, *La unción de Débora* (Miami, FL: Casa Creación, 2015).
2. Eckhardt, "#chayilwomanchallenge: Michelle McClain".
3. *"Investment by Women, and in Them, Is Growing"*, Economist. com, 8 de marzo, 2018, https://www.economist .com/finance-and-economics/2018/03/08/investment-by -women-and-in-them-is-growing.
4. Apostle John Eckhardt, *"Chayil Challenge With Yolanda Stith"*, Facebook Videos, https://www.facebook.com /apostlejohneckhardt/videos/10156117793111519/.
5. Eckhardt, *"Chayil Challenge With Yolanda Stith"*.
6. Eckhardt, *"Chayil Challenge With Yolanda Stith"*.
7. Eckhardt, *"Chayil Challenge With Yolanda Stith"*.

JOHN ECKHARDT es director de Crusaders Ministries, loca-
lizado en Chicago, Illinois. Es un conferencista muy buscado y
ha escrito más de veinte libros, entre los cuales están: Destruya
el espíritu de rechazo, Oraciones que derrotan a los demonios,
Oraciones que rompen maldiciones, Activa el cielo, Profeta
levántate y Todavía Dios habla. El apóstol Eckhardt vive en
el área de Chicago con su esposa, Wanda.

JOHN ECKHARDT

CASA CREACIÓN

Para vivir la Palabra

 /casacreacion
www.casacreacion.com

JOHN ECKHARDT

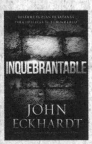

CASA CREACIÓN

Para vivir la Palabra

/casacreacion
www.casacreacion.com

Te invitamos a que visites nuestra página web, donde podrás apreciar la pasión por la publicación de libros y Biblias:

www.casacreacion.com

Para vivir la Palabra